Wie Familien ticken

Hauke Brost

WIE FAMILIEN TICKEN

111 Fakten, die aus allen Eltern, Kindern und Großeltern Familienversteher machen

Schwarzkopf & Schwarzkopf

Inhalt

1. Kapitel: ZUR EINSTIMMUNG 11 ALLTAGS-STOSSSEUFZER
Muss ich denn alles selber machen? – Warum spricht hier niemand mit mir? – Warum sind hier alle so unordentlich? – Warum benehmen sich unsere Kinder nur bei fremden Leuten so wohlerzogen? – Warum ist unser Sex nicht mehr so wie früher? – Warum lassen mich meine Eltern nicht in Ruhe? – Warum versteht mich keiner? – Bin ich denn eure Haushälterin? – Kann es nicht immer so harmonisch wie zu Weihnachten sein? – Warum sind mir meine eigenen Kinder manchmal so fremd? – Besteht unsere Familie denn nur aus Egoisten? .... Seite 13

2. Kapitel: ZUR VERSÖHNUNG 11 FAMILIEN-HIGHLIGHTS
Warum sind halbwilde Teenies manchmal wieder so schmusig? – Warum guckt mich mein Mann plötzlich wieder so verliebt an? – Warum hat meine Frau die ganze Woche noch nicht mit mir gemeckert? – Warum sind unsere Kinder plötzlich so vernünftig? – Warum ist Heiligabend trotz Stress doch immer wieder schön? – Warum kommen auch erwachsene Kinder immer wieder gern nach Hause? – Warum ist meine Frau im Urlaub so lustig drauf? – Kann mein Papa nicht öfter mal mit mir tolle Sachen unternehmen? – Warum sind manche Familientage so total harmonisch? – Warum finden alle Mütter den Muttertag blöd und genießen ihn dann trotzdem? – Warum werde ausgerechnet ich um meine Familie beneidet? .... Seite 41

3. Kapitel: NUN KOMMEN DIE KINDER ZU WORT
Warum habt ihr immer Angst um uns? – Warum fragt ihr immer »Wie war es in der Schule«? – Warum wollt ihr, dass wir ständig aufräumen? – Warum wollt ihr mit uns Hausaufgaben machen? – Warum muss Mama unbe-

dingt arbeiten gehen? – Habt ihr ein Lieblingskind? – Warum behandelt ihr uns wie Babys? – Warum sollen wir euch immer alles erzählen? – Liebt ihr euch eigentlich noch? – Ist Papa vielleicht nur für uns ein Held? – Warum dürfen wir viel weniger als alle anderen in unserer Klasse? . . . . *Seite 65*

4. Kapitel: WAS VÄTER GERNE WISSEN MÖCHTEN
Warum ist meine Frau nicht mehr so, wie sie mal war? – Warum soll ich immerzu mit meiner Frau reden? – Warum lässt man mich nicht einfach mal in Ruhe? – Warum akzeptiert niemand, wie schwer mein Job ist? – Muss ich mein ganzes Leben im Hamsterrad laufen? – Warum geben die alle mein Geld so leicht aus? – Was darf ich mir als Familienvater eigentlich selber gönnen? – Warum habe ich ständig ein schlechtes Gewissen? – Wie bleibe ich die Autorität in der Familie? – Warum ist meine Frau so übervorsichtig mit den Kindern? – Was macht eigentlich einen guten Familienvater aus? . . . . *Seite 89*

5. Kapitel: WAS DIE MÜTTER INTERESSIERT
Warum räumt hier niemand auf? – Findet mein Mann mich noch attraktiv? – Was ist wichtiger für meinen Mann: sein Hobby oder ich? – Zurück in den Job: Macht mich das glücklich? – Schadet es meinem Kind, wenn ich wieder arbeiten gehe? – Warum ist mein Mann so leichtsinnig mit den Kindern? – Warum sind Kinder manchmal so undankbar? – Wie kriege ich mein Kind vom Computer weg? – Was ist mit den gefährlichen Ballerspielen? – Kann mein Kind computersüchtig werden? – Bin ich eine gute Mutter? . . . . *Seite 115*

6. Kapitel: ERST LESEN, DANN HEIRATEN
Hält unser Glück ewig? – Was ändert sich, wenn wir ein Kind haben? – Sollten wir uns ein Haus bauen? – Was spricht heute noch für die Ehe? – Soll man als Mann die Elternzeit nehmen? – Sind Einzelkinder unglücklich? –

Sind sich Geschwister eigentlich ähnlich? – Sind »Hausfrauen-Qualitäten« in einer jungen Familie noch gefragt? – Wird die Ehe meinen Partner verändern? – Was mache ich bei der ersten Ehekrise? – Was kann ich von unseren Eltern lernen? .... *Seite 145*

7. Kapitel: DIE KINDER SIND GROSS. UND NUN?
Wie kann man Ehe-Routine vermeiden? – Haben wir jetzt endlich mehr Zeit für uns? – Haben uns etwa nur die Kinder so lange zusammengehalten? – Lernen wir uns jetzt erst richtig kennen? – Wie halten wir den Kontakt zu unseren Kindern? – Wie gehen wir mit den Partnern unserer Kinder um? – Werden wir jetzt unsere Träume verwirklichen? – Erleben Männer automatisch ihren zweiten Frühling? – Werden wir uns jetzt auf die Nerven gehen? – Sind wir jetzt alt? – Werden wir gute Großeltern sein? .... *Seite 167*

8. Kapitel: WAS ELTERN SICH FRAGEN, WENN ES UM IHRE EIGENEN ELTERN GEHT
Wieso sind Großeltern heute so unglaublich jung? – Warum müssen die gerade jetzt nach Mallorca oder Teneriffa auswandern? – Sollten wir mit Oma und Opa zusammenziehen? – Möchten Oma und Opa gerne mit uns tauschen? – Wie denken Oma und Opa wirklich über uns? – Warum sind so viele Großeltern immer noch verheiratet? – Wie wichtig sind Großeltern für Kinder und Jugendliche? – Warum verwöhnen die unsere Kinder nach Strich und Faden? – Warum lieben die Kinder Opas alte Geschichten so sehr? – Sind Großeltern immer noch die Chefs im Familien-Clan? – Ist man egoistisch, wenn die eigenen Eltern im Altenheim sind? .... *Seite 189*

9. Kapitel: WENN NEBENAN AUSL ..., ÄH, MIGRANTEN LEBEN
Ist mein türkischer Nachbar etwa der bessere Vater? – Funktionieren muslimische Familien besser als christliche? – Warum tun sich deren Kinder in der

Schule so schwer? – Sind alle muslimischen Männer Machos? – Haben die Mütter bei Muslimen gar nichts zu sagen? – Was halten unsere Migranten-Nachbarn eigentlich von Deutschland? – Was kann ich von Migrantenfamilien lernen? – Muss ich mir Sorgen machen, wenn mein Kind mit Migrantenkindern spielt? – Ist eine Migrantenklasse schlimm für mein Kind? – Was mache ich, wenn mich eine verschleierte Mutter zum Kindergeburtstag einlädt? – Was kann ich tun, wenn mein Kind rechtsradikal wird? . . . Seite 217

10. Kapitel: TRENNUNG, NEUBEGINN UND DIE PATCHWORK-FAMILY
In welchem Alter leiden Kinder am wenigsten unter unserer Trennung? – Wie sagen wir den Kindern, dass wir uns trennen wollen? – Kann man sich überhaupt trennen, ohne dass die Kinder leiden? – Was kann ich tun, wenn die Kinder meinen neuen Freund ablehnen? – Was kann ich tun, damit mich die Kinder meiner neuen Freundin mögen? – Wenn der andere Stress mit dem Ex hat: Soll ich mich einmischen? – Neuanfang: Lernt man eigentlich aus Ehefehlern? – Hat man Patchwork-Kinder automatisch so lieb wie die eigenen? – Wie kommen Kinder mit Patchwork zurecht? – Mein Kind, dein Kind: Wie werden das »unsere« Kinder? – Werden uns die Kinder später unsere Ehefehler verzeihen? – Schwierige Schlussfrage: Was macht eigentlich eine gute Familie aus? . . . . Seite 239

Elf goldene Regeln für ein gutes Familienleben . . . . Seite 266

Schlusswort . . . . Seite 268

Vorwort

Familie ist, wenn mehrere total unterschiedliche Menschen auf verhältnismäßig engem Raum irgendwie miteinander auszukommen versuchen. Familie ist, wenn jeder bestimmen und keiner nachgeben möchte. Familie ist, wenn jeder gegen jeden kämpft und trotzdem keiner ohne den anderen kann. Familie ist, wenn alle friedlich beim Frühstück sitzen und sich gegenseitig die Marmelade rüberschieben. Familie ist, wenn der Sohn für seine liebeskummerkranke Schwester den Küchendienst übernimmt. Familie ist das schöne Fotoalbum mit den Bildern von Mallorca, als die Großen noch klein und süß waren. Familie ist, wenn Oma von früher erzählt und die Kinder fasziniert zuhören. Familie ist, wenn der Brutalo von nebenan seiner Frau eine reinhaut. Familie ist, wenn an Muttertag alle so tun, als wäre nix. Familie ist, wenn Papa die Kinder holt und pünktlich wieder abzugeben hat.

Familie ist Liebe und Hass, Einheit und Trennung, Türenschlagen und Küsschengeben, Zärtlichkeit und Gefühlskälte, Geruch nach gutem Gulasch und nach ungelüftetem Klo. Familie ist am Anfang immer eine gute Idee. Familie ist ein erstrebenswertes Ideal. Familie ist eine anspruchsvolle Aufgabe. Für die Familie entscheidet man sich meistens freiwillig. Familie ist ein schöner Plan. Und jeder dritte schöne Plan scheitert.

Trotzdem gibt es viel mehr funktionierende Familien, als die meisten von uns glauben. Bei diesem Thema vermitteln uns die Medien ein total falsches Bild. Ein Wunder ist das aber nicht: »Bad news are good news«, sagt der Journalist. Also findet die funktionierende Familie in den Medien kaum statt.

»Schon jede dritte Ehe wird geschieden« ist zweifellos eine meldenswerte Nachricht. »Zwei von drei Ehen halten« ist hingegen keine Geschichte, die Journalisten interessiert. »Familiendrama: Ehemann tötet Frau, Kinder und sich selbst« ist allemal eine Schlagzeile. »Familienwunder: Ehemann lebt schon 15 Jahre glücklich mit Frau und Kindern zusammen« würde keiner lesen wollen. Und wenn es eine funktionierende Familie doch einmal in die Schlagzeilen schafft, dann hat sie vorher mindestens Sechslinge gekriegt.

Nur in der Werbung ist Familie die Idylle vom Sonntagmorgen, wo Vater, Mutter und Kinder einträchtig bei strahlendem Sonnenschein im Garten frühstücken und ein bestimmter Käse alle total glücklich macht. Denn Familie ist im Alltag auch der tägliche nervige Kleinkrieg um Hausaufgaben, offene Zahnpastatuben und liegen gelassene Socken. Familie ist Hausfrauen- bzw. Doppelbelastungs-Stress. Familie ist die endlose Debatte beim Abendbrot, die zugeknallte Kinderzimmertür, der eingeschlafene Sex, der ewige verdammte Geldmangel, die Sucht der Kinder nach Markenklamotten und der Streit um den schiefen Weihnachtsbaum.

Dumme Männer, die nichts kapieren. Hysterisch schreiende Frauen. Missratene Gören. Grässliche Schwiegereltern. Junge Geliebte. Der schlimme Satz: »Wir sind nur noch wegen der Kinder zusammen.« Trennung. Scheidung. Das Drama danach: All das ist Familie. Es gibt auch Familien, in denen findet Familie gar nicht statt. Da weiß niemand etwas vom anderen. Da kümmert sich auch keiner um den anderen. Und schon morgens läuft der Fernseher.

»Wer von euch hat einen neuen Papa?« Wenn das in der Klasse Ihres Kindes gefragt wird, gehen mehr Finger hoch, als unten bleiben. In einer Hamburger Schulklasse (in normalem Milieu) lebten im Frühling 2009 von 26 Kindern nur noch zwei mit ihren leiblichen Eltern zusammen!* Darum gehört das Thema

---

* *Quelle: NDR-Fernsehen*

Patchwork zur modernen Familie wie »Yes we can« zu Barack Obama. Vater und Mutter haben vor 30 Jahren geheiratet, sind immer noch zusammen und freuen sich jetzt über ihr erstes Enkelkind? Das gibt es, ja. Aber solche Familien sind fast schon die Ausnahme.

Ich möchte Ihnen kurz erzählen, was dies für ein Buch ist. Es ist jedenfalls kein Ratgeber. Ich, der Autor, bin kein Familien-Experte und würde mir ohnehin niemals einen klassischen »Ratgeber« kaufen. Ich bin Reporter. Für meine Bücher gehe ich auf die Straße, frage die Menschen, höre zu und schreibe mit. So entstanden die Bestseller »Wie Männer ticken«, »Wie Frauen ticken«, »Wie Teenies ticken« und »Wie die lieben Kollegen ticken«. Hier erzähle nicht ich. Hier erzählen Menschen wie Sie und ich.

Für das erstgenannte Buch (2005) legte ich Männern Fragen vor, die Frauen interessieren. Fürs zweite Buch (2006) umgekehrt; fürs dritte (2007) sprach ich mit Teenies über ihre eigene Befindlichkeit, und für den vierten Bestseller (2008) sprach ich mit Menschen an ihrem Arbeitsplatz. Die meisten der über 4000 Befragten hatten naturgemäß zu Hause eine Familie, oder sie wünschten sich eine. Vieles von dem, was sie mir zum Thema Familie erzählten, passte aber in keines der genannten Bücher so richtig hinein. Ich habe mir das aufgehoben und gut gemerkt. Sie mit diesem Buch in der Hand profitieren also erstmals von der geballten Kraft von vier Jahren Recherche im Dienste der guten Sache, nämlich, wie eine Zeitung einmal über mich schrieb: »Der einen Spezies Mensch die jeweils andere zu erklären« sei die zur Perfektion getriebene Spezialität des Bestsellerautors Hauke Brost.*

Aber es wird immer schwerer, ein gutes Familienleben zu führen. Viele Männer müssen fort. Nicht in den Krieg so wie

---

* *Nur das mit der Perfektion stimmt nicht. Ansonsten ist es hübsch formuliert.*

früher, sondern der Arbeit hinterher. Viele Frauen sind berufstätig. Entweder weil sie wollen. Dann ist es ihr gutes Recht. Oder weil sie müssen. Dann ist es schlecht. Viele Alte sind allein. Die Wohnungen sind zu klein. Viele Kinder sind früh verdorben. Aus dem *iPod* kommt alles, aber nichts Gutes. Statt *Mensch ärgere dich nicht* mit dem Vater spielen sie *Counter Strike* mit Fremden. Viele möchten später Hartz IV werden. Aber wo der Harz liegt, das wissen sie nicht.

Es ist auch alles irgendwie schlimmer geworden. Vor der Schule lungert der Dealer. Nach der Disco lauert der Straßenbaum. Lustlos labert der Lehrer. Dem Pastor ist es egal, ob die Kinder zum Konfirmandenunterricht kommen. Ein geiles Handy zählt mehr als ein gutes Herz. Was ist das nur für eine Welt?

Warum sich die ganze Mühe trotzdem lohnt, wie andere Menschen ihre Familie erleben und mit den ganzen Problemen klarkommen, wie eine Familie überhaupt funktioniert und ob es goldene Regeln für ein gutes Familienleben gibt: Das wollte ich – geschieden, glücklich verheiratet, drei leibliche Söhne, fünf Patchwork-Kinder – gerne wissen. Sie wollen das auch. Darum gibt es jetzt das neue Buch »Wie Familien ticken«. Viel Spaß beim Lesen, natürlich auch beim Verschenken – und viel Glück mit Ihrer eigenen Familie!

Hamburg, im Herbst 2009

Hauke Brost
WWW.HAUKEBROST.DE

1. Kapitel

ZUR EINSTIMMUNG
11 ALLTAGS-STOSSSEUFZER

1. Muss ich denn alles selber machen?

Die Frau ist modern. Emanzipiert. Gut ausgebildet. Clever. Intelligent. Attraktiv. Und ganz schön ausgeschlafen. Sie hat ihr Leben im Griff. Sie achtet auf sich. Sie lässt sich nicht die Butter vom Brot nehmen. Sie kennt sich aus mit Politik und Fußball. Sie steckt so manchen Mann in die Tasche und ihren eigenen sowieso. Sie fährt besser Auto als er und hat schon mal einen Abfluss repariert. Sie hält das Geld zusammen und auch sonst die Zügel in der Hand. Sie ist nicht nur die heimliche Chefin. Sie hat das Sagen. Und trotzdem ertappt sie sich immer wieder dabei, dass sie dem Rest der Familie hinterherräumt, dass sie die meisten ungeliebten Arbeiten übernimmt, dass sie wieder einmal der seelische Müllschlucker für alle ist und die Putze sowieso. Das ist doch eigentlich ein seltsamer Widerspruch. Eigentlich müsste die Frau auf Händen getragen werden – aber stattdessen lassen sich alle von ihr auf Händen tragen!

Der Stoßseufzer »Muss ich denn alles selber machen?« ist typisch weiblich. So hört man die Frauen murmeln, wenn sie die ganzen Faulpelze in der Familie wieder einmal an die Wand klatschen könnten. Warum ist das so? Frauen hören den Grund nicht so gern. Hier steht er trotzdem.

Der Grund ist, dass Frauen ganz einfach *harmoniesüchtig* sind. Sie haben keine Lust auf Stress. Darum machen sie alles selber, was die anderen nicht machen möchten. Also haben sie irgendwie selber Schuld an ihrem Schicksal.

So negativ, wie das klingt, ist es aber nicht gemeint. »Besser, ich räume alles gleich selber weg, als dass ich mich jetzt auf endlose Diskussionen einlasse« – das ist doch ein Standpunkt, den man durchaus vertreten kann! Wenn man nun einmal *harmoniesüchtig* ist.

Keine Frage: Jeder in der Familie muss sich ständig zwischen mühsamen sozialen Zwängen und purem Egoismus entscheiden. »Gehorchen oder Stress kriegen?« (Das gilt für alle Kinder.) »Schweigen – und angegiftet werden – oder wenigstens ein bisschen Interesse vortäuschen?« (Das gilt für alle Ehemänner.) Und eben: »Selber machen oder debattieren?« (Das gilt für viele Frauen.) Sie räumen den Familien-Egoisten hinterher, kümmern sich um alles und haben dadurch eben weniger Streit zu ertragen.

Frauen mögen tatsächlich keinen Streit. Es soll alles »schön« sein. Alle sollen sich »lieb haben« und sich »miteinander vertragen«. Weil aber alle nur an sich selber denken (außer Mama), herrscht ein Ungleichgewicht in der Familie. Alle lassen alles liegen, keiner kümmert sich um den anderen, nur die Mutter räumt hinterher und kümmert sich und macht und tut. Tja: Wenn sie nun mal so gestrickt ist ...

Da kann man schon mit gewissem Recht argumentieren: »Du musst doch gar nicht alles selber machen! Mann und Kinder sind zu viel mehr fähig, als du ihnen abverlangst! Du bist die nette Putze, die alles macht? Ja, aber warum beschwerst du dich dann? Es zwingt dich doch keiner dazu!«

Dieser provozierende Standpunkt klingt fies und gemein. Andererseits muss man auch mal eins bedenken: Es gibt Mütter, denen macht das alles überhaupt nichts aus. Die räumen dem Rest der Familie *freiwillig* hinterher und sind dabei auch noch gut drauf. »Ja, das sind schreckliche Heimchen am Herd«, schimpft die zornige emanzipierte Frau ...

... und tut ihren Geschlechtsgenossinnen damit ganz schön unrecht. Denn das muss gar nicht so sein. Es kann ja auch einen *Deal* geben, zum Beispiel zwischen Mutter und Kind. Sie sagt: »Ich will von dir nur eins: dass du dich selber um die Schule, um gute Zensuren, um deine Lehre (oder was auch immer) kümmerst. Ich nehme dir den Rest ab. Du musst hier keinerlei

Pflichten erledigen. Du musst nur für gute Leistung sorgen. Sonst nichts.« Oder es ist ein *Deal* mit dem Mann: »Ich will nur, dass du deinen Job machst. Ich nehme dir den Rest ab und halte dir alles vom Hals. Schaff die Kohle ran, Alter. Mehr wird von dir hier nicht verlangt.«

Das wäre tatsächlich eine Familien-Strategie, die man ernst nehmen sollte. Man muss sie ja nicht übernehmen. Vielleicht ist sie aber gar nicht so schlecht. Wie auch immer: »Muss ich denn alles selber machen?« ist eine zwar typisch weibliche, aber auch eine total schwachsinnige Frage. Denn SIE muss überhaupt nichts machen. Sie *macht* es. Aus eigenem Antrieb. Und vermutlich nur deshalb, weil sie eben *harmoniesüchtig* ist. Der schöne Nebeneffekt: Alles ist so gemacht, wie sie es gerne hat. Dann muss sie auch weniger schimpfen.

2. Warum spricht hier niemand mit mir?

Das ist ebenfalls ein typisch weiblicher Stoßseufzer. Sie werden es niemals erleben, dass ein Mann diese Frage stellt. Sie werden die Frage auch niemals von einem Ihrer Kinder hören. Männer möchten eigentlich gar nicht sprechen. Ihre Kinder möchten auch am liebsten nur ihre Ruhe haben. »Warum spricht hier niemand mit mir?« haben Sie bestimmt auch schon einmal geseufzt, wenn Sie eine Frau sind.

Die Frage ist höchst interessant. Denn es stimmt ja gar nicht. Natürlich wird mit der Frau gesprochen! Zum Beispiel so: »Was gibt's heute zu essen?«, »Gibste mir mal die Fernbedienung?«, »Bringste mir noch'n Bier mit?«, »Kann ich dein Auto haben?«, »Leihste mir deine Bluse?«, »Kannste mich nachher zum Hockey fahren?«, »Fragste mal meine Vokabeln ab?«. Na bitte, geht doch! Oder?

Da wird zwar gesprochen. Aber nicht ganz so, wie eine Frau sich das vorstellt.

Psychologen benutzen gern das Wort *Seelengespräch*. Lassen Sie sich das Wort bitte einmal auf der Zunge zergehen. Sprechen Sie es gern auch mal laut aus: SEELENGESPRÄCH. Kannten Sie bisher nicht, stimmt's? Unter einem *Seelengespräch* versteht man einen Dialog zwischen zwei Menschen mit dem Ziel, möglichst viel von dem jeweils anderen zu erfahren. Frauen – vorzugsweise Ehefrauen und Mütter – möchten am liebsten den ganzen Tag solche *Seelengespräche* führen. Sie möchten in die Tiefe gehen und möglichst alles über ihre Lieben wissen. Sie möchten sich nicht über Fußball unterhalten oder über sonst etwas Unwichtiges. Sie möchten ein *Seelengespräch*.

Wann hatten Sie (Frage jetzt mal an die lesenden Männer!), wann also hatten Sie zum letzten Mal ein *Seelengespräch* mit

Ihrer Frau? Wahrscheinlich ist das länger her als der letzte Sex, stimmt's? Und der ist auch schon lange her.* Sie reden mit Ihrer Frau über alles Mögliche, aber das macht die Frau nicht satt. Sie will mehr wissen: Wie es tief drinnen in Ihnen aussieht. Welche Ängste Sie quälen. Welche Gefühle Sie bewegen (Gefühle?, fragt der Mann, welche Gefühle?). Wo Sie Ihre Träume vergraben haben, und welche das sind. Wie das damals mit Ihrer Mutter war. Woran die erste Liebe scheiterte, und warum Ihre Frau mit keiner anderen vergleichbar ist. Wie Sie sich das Alter vorstellen. Welche Ziele Sie nie verwirklichen konnten und warum. Sie sollten imstande sein, auch mal eine Schwäche zuzugeben. Eine Träne dürfen Sie verdrücken (leichtes Schniefen reicht). Aber das haben Sie nicht drauf, Sie gefühlsarmer alter Macho! Das alles ist Ihnen fremd! Ach je: Sie als Mann sind noch weit entfernt vom *Seelengespräch*. Aber Sie können das lernen, echt!

Der Mann fragt jetzt: Ja, aber wie denn? Ich würde ja gerne mal so ein *Seelengespräch* führen, wenn's denn der Ehe dienlich ist und wenn es meine Frau glücklich macht! Nur weiß ich nicht, wie ich das anstellen soll. Na, da können wir doch helfen.

1.) Sie warten, bis die Kinder im Bett sind. 2.) Sie fragen Ihre Frau, ob Sie ihr was zu trinken holen dürfen. 3.) Sie haben selbst was Nettes zu trinken vor sich stehen. 4.) Sie zünden eine Kerze an.** 5.) Sie schalten den Fernseher aus. 6.) Sie fassen Ihre Frau an, legen also zum Beispiel Ihre Hand auf ihre, oder Sie nehmen sie in den Arm. 7.) Jetzt sagen Sie einen vollkommen schwachsinnigen Satz, zum Beispiel: »Weißt du, woran ich gerade denken muss …?« (Bitte mit einem etwas tragischen Unterton, nicht wehleidig, aber auch nicht nur so dahingesagt! Etwas Hollywood!

---

* *Nur ein Scherz. Sie finden in diesem Buch übrigens viele blöde Scherze, aber nicht alle sind als solche gekennzeichnet.*
** *Spätestens jetzt wird Ihre Frau irritiert gucken.*

Kino! Großes Kino! Und emotional! Leicht gepresst! Etwa so, als wenn Sie mal müssten und das Klo ist besetzt!) »Weißt du, woran ich gerade denken muss …?«

Klar, was die Frau antwortet, denn sie kann ja keine Gedanken lesen, also sagt sie: »Nee, woran denn?« Was denn auch sonst! Aber schon ist ihr Interesse geweckt, und alle ihre emotionalen Antennen zielen auf *Sie*. »Weißt du, woran ich gerade denken muss …?« ist der klassische Einstieg zum *Seelengespräch*.

Und jetzt, und jetzt, und jetzt – erzählen Sie eine Geschichte aus Ihrer frühesten Kindheit oder eine Geschichte, als Sie noch frisch verliebt in Ihre Frau waren, oder eine Geschichte, die von Ihren Eltern handelt. Mein Gott – irgendeine Geschichte wird doch in Ihrem Kopf hängen geblieben sein. »Es muss ungefähr 1964 gewesen sein, ich war vier Jahre alt, auf dem Markt, wo ich mit meiner Mutter war, schenkte mir eine Verkäuferin einen Apfel, und sie sagte: Wegen deiner schönen blauen Augen. Das habe ich niemals vergessen.« Bingo! Gute Geschichte, guter Einstieg für ein echtes *Seelengespräch*. Oder: »Als du damals auf mich zukamst in der Disco und ich dich das erste Mal sah und du so knallevoll warst, da wusste ich, dass ich dich für immer lieben würde.« Bingo-Bingo-Mega-Bingo! Das wird eine lange Nacht. Wer weiß, was noch passieren wird. Die Frau ist angefixt. Sie hatte ein *Seelengespräch*.

Weiter oben in diesem Kapitel stand mal »Fernseher aus«, das können Sie sich gleich merken, das zieht sich durch alle Kapitel und ist wichtig: Familien ticken so. Entweder läuft der Fernseher, oder Sie haben ein schönes Familienleben. Wiederholen Sie das bitte zehnmal für sich selbst: »Entweder läuft der Fernseher, oder ich habe ein schönes Familienleben.«

Als Nächstes lästern wir ein bisschen über die Frauen ab. Was die *Seelengespräche* angeht, übertreiben die meisten Frauen nämlich maßlos. Weil sie ständig die totale Öffnung ihrer Lieben abfordern, verletzen sie die natürliche Schutzschicht, mit der sich Mann und Kinder gegen allzu viel weibliche (bzw. mütterliche) Anteilnahme verteidigen. Das lesen Frauen nicht gern, aber es ist so. Sie kennen ja die Konsequenzen:

Die Familie »macht dicht«. Kinder knallen mit den Türen, Männer vergraben sich in Sprachlosigkeit. Das alles sind Abwehrfunktionen. »Komm mir nur nicht zu nahe!«, signalisiert die Familie. Aber die Frau will immer noch mehr wissen, immer weiter in die Tiefe gehen, immer intensivere *Seelengespräche*.

Dieses Dichtmachen ihrer Lieben verletzt nun wiederum die Gefühle der Frau. Sie reagiert beleidigt. »Niemand spricht hier mit mir«, sagt sie und meint: »Niemand teilt mein Bedürfnis nach Nähe und Vertrauen!« Dabei ist es ganz anders: Die Frau hat ein viel größeres Bedürfnis nach Nähe und Vertrauen als Mann und Kinder. Wer das nicht weiß und berücksichtigt, der hat ganz schnell Familienstress.

Stundenlang telefoniert die Frau dann mit ihrer allerbesten Freundin. Dabei darf sie niemand stören. Die beiden sind seelenverwandt. Sie führen eben jene *Seelengespräche*, nach denen sie sich so sehr in ihrer eigenen Familie sehnen. Fragen Sie mal ein Kind, wie es in der Schule war: »Gut.« Ist das ein *Seelengespräch*? Oder fragen Sie einen Mann, wie sein Tag in der Firma war: »Wie immer«, heißt die knappe Antwort. Ist das ein *Seelengespräch*?

Nein, ist es nicht. Nun fragt die Frau ihre allerbeste Freundin, wie es beim Shoppen war, und nach gefühlten drei Stunden sind die beiden immer noch nicht bei der eigentlichen Antwort auf die Frage angekommen, sondern sie breiten ihre gesamte Gefühlslage voreinander aus, hören sich wissbegierig zu, fragen immer wieder nach, kommen vom Hundertsten ins Tausendste und finden einfach kein Ende. Wie schön, dass es mindestens *eine* allerbeste Freundin gibt, mit der man ungestörte *Seelengespräche* führen kann ...

3. Warum sind hier alle so unordentlich?

Weil sich schon jemand finden wird, der aufräumt. Wer das sein wird, muss ja wohl nicht erwähnt werden. Frauen haben nicht unbedingt ein ausgeprägteres Ordnungsbedürfnis als Männer; sie fühlen sich aber – anders als Männer – ständig für alles verantwortlich. Unter anderem für den Zustand, in dem sich die Wohnung befindet. »Weil es ja sonst keiner macht.« Und genau da liegt der Fehler.

Frauen könnten ja ebenso wie Männer imstande sein, ihre Lieblingssendung zu gucken, während die Wäsche in der Trommel und die Teller im Geschirrspüler aufs Ausräumen warten, während die Betten noch nicht gemacht und die Hausaufgaben noch nicht kontrolliert sind. Sie könnten Verantwortung delegieren, müssten dann aber auch mit den Konsequenzen leben.

Typisch Frau ist zum Beispiel dies. Er fragt: »Wo ist meine Brille?« Sie sagt: »Auf der Truhe im Flur.« Und gleichzeitig springt sie auf und geht zu der Truhe im Flur, wo sie auf ihren Mann trifft, der ebenfalls auf dem Weg zu jener Truhe im Flur ist. Nun nimmt sie die Brille von der Truhe im Flur und gibt sie ihrem Mann in die Hand. Genauso gut hätte sie es bei dem Tipp, wo die Brille ist, belassen können. Sie hätte sogar sagen können: »Das interessiert mich einen Sch ..., wo du deine Brille vergessen hast«, aber so gemein müsste sie ja gar nicht sein: Sie müsste nur einmal ihrem Mann, wenn sie ihm schon gesagt hat, wo seine Brille liegt, den anstrengenden Weg zur Truhe im Flur selbst überlassen, ohne ihn auch noch dabei zu unterstützen. Aber weil Frauen ständig alle anderen Familienmitglieder bei irgendetwas unterstützen möchten, kommen sie selbst zu nichts und klagen dann: »Warum sind hier alle so unordentlich?«

4. Warum benehmen sich unsere Kinder nur bei fremden Leuten so wohlerzogen?

»Sie haben aber liebe Kinder!« Was eigentlich ein hübsches Kompliment ist, lässt die meisten Eltern erstaunt die Augenbrauen hochziehen. Hä? Unsere Kinder und lieb? Gut erzogen gar? Hier muss eine Verwechslung vorliegen! »Ich weiß ja nicht, wer gestern bei Ihnen übernachtet hat, aber meine waren das bestimmt nicht.« – Falsche Antwort! Es waren die eigenen Kinder. Nur benehmen die sich bei fremden Leuten ganz anders als zu Hause. Warum ist das so?

Es ist so, weil Kinder überhaupt nicht aufsässig, egozentrisch und unleidlich sind. Sie geben sich nur so, und zwar genau dort, wo sie es sich leisten können. Zu Hause testen sie aus, wo ihre Grenzen sind. Auf Jahre. Tag für Tag. Woanders hingegen möchten sie gern einen guten Eindruck hinterlassen. So wie Erwachsene das auch möchten. Sie wollen nicht, dass man schlecht über sie denkt. Und das schaffen sie ja auch. Sie zeigen bei Tisch die besten Manieren, springen auf und holen was aus der Küche, helfen selbstverständlich und ungefragt beim Abräumen, beziehen ihr Bett selbst und am nächsten Morgen wieder ab, machen freundliche Bemerkungen, brillieren mit bescheiden vorgetragenem Mutterwitz und führen ihre Gasteltern gepflegt an der Nase herum.

Natürlich möchten sie sich auch positiv von ihren eigenen Freunden unterscheiden, die in dieser Familie zu Hause sind und sich dementsprechend wieder einmal unmöglich benehmen. Was gibt es Schöneres für ein Kind, als dem eigenen Freund von dessen Eltern ständig als gutes Beispiel vorgehalten zu werden? Das ist doch ein kleiner, aber feiner Triumph, den man so richtig schön auskosten kann!

5. Warum ist unser Sex nicht mehr so wie früher?

Weil der Hormonspiegel eines Mannes nach zwei Jahren Beziehung drastisch absackt. Das hat die Natur in grauer Vorzeit so eingerichtet, damit der Neandertaler nicht ständig anderen Neandertalerinnen hinterherschaut, sondern brav in seiner Höhle bleibt bzw. das erlegte Wild immer in die eigene Höhle schleppt. Er hat also weniger Lust auf Sex, und das bisschen Sex zu Hause reicht ihm dann. Ganz schlau eingerichtet von der Natur. Der Spagat, einem Mann Treue anzugewöhnen und seinen Hormonspiegel trotzdem auf Kennenlern-Niveau zu halten, wäre natürlich noch schlauer gewesen. Aber das hat die Natur irgendwie nicht hingekriegt.

Und wussten Sie, dass die vielen »Heute nicht Schatz, ich hab Kopfschmerzen«-Witze allen Umfragen zufolge Schnee von gestern sind? In circa 70 Prozent aller Beziehungen klagen nicht die Männer, sondern die Frauen über zu wenig oder zu eintönigen Sex. Den Männern reicht's. Sie sind ohnehin ständig müde, mit den Gedanken woanders oder bar jeder erotischen Initialzündung. Es müsste deshalb viel mehr »Heute nicht Schatz, ich hab so ein Ziehen im Hodensack«-Witze geben!

Aber nun zur Stoßseufzer-Frage: Vermutlich *ist* der Sex noch so wie früher. Nur war das, was man heute im Bett miteinander macht, früher aufregend und neu, und heute ist es eben gewohnt und (allzu?) vertraut. Trotzdem ist die überwiegende Mehrheit der verheirateten Deutschen – Männer wie Frauen – mit ihrem Sexualleben »zufrieden« bis »sehr zufrieden« (nach »glücklich« oder »sehr glücklich« wird meistens gar nicht gefragt).

Die meisten Paare leiden unter heftigem sexuellem Leistungsdruck. Das ist ein ziemlich großes Problem. Sobald einer von beiden mal ein paar Tage oder ein paar Wochen keine Lust auf Sex entwickelt, denkt der andere, dass irgendwas nicht stimmt mit der Liebe. Nur deshalb, weil die Lust auf Sex auch dann sinkt, wenn tatsächlich was nicht stimmt. Kein Paar würde auf die Idee kommen, jahrelang zweimal die Woche aus Prinzip zum Griechen zu gehen und Gyros mit Pommes zu essen. Aber fast jedes Paar glaubt, dass es mindestens zweimal die Woche Sex haben muss. Alles andere sei doch »nicht normal«, ist die gängige Einstellung dazu. Andererseits erwarten vor allem die Frauen, dass Sex immer irgendwie »zelebriert«, ein »schönes Fest der Sinne« und »phantasievoll« sein muss. Das erwarten sie naturgemäß von den Männern. Nun gehen Sie mal jahrelang zweimal die Woche zum Griechen und machen jedes Mal ein zelebriertes, phantasievolles schönes Fest der Sinne draus! Das schaffen Sie gar nicht. Gyros mit Pommes ist nun mal Gyros mit Pommes, und Sex ist Sex. Da ändern Sie auch nix dran, wenn Sie Kerzen anzünden und die CD im Schlafzimmer-Player wechseln. Also entspannen Sie sich. Nehmen Sie den Leistungsdruck aus dem Sex. Dann macht die Liebe plötzlich wieder Spaß und kann auch fast so aufregend sein wie früher, als alles noch ganz frisch gewesen war.

6. Warum lassen mich meine Eltern nicht in Ruhe?

Weil sie ein völlig anderes Verständnis von familiärer Kommunikation haben als Kinder und Jugendliche. Du kommst von der Schule nach Hause und weißt schon, was passiert: Es wird dir wieder nicht gelingen, dich unbelästigt in dein Zimmer zu verziehen. Sondern es prasseln nutzlose Anmerkungen bzw. Fragen auf dich ein, von denen »Wie war's denn in der Schule?« noch die harmloseste (wenn auch die häufigste) ist. »Häng deine Jacke anständig auf«, »Feuer deine Schuhe nicht immer in die Ecke«, »Mach am besten gleich deine Hausaufgaben«, »Komm essen« und »Räum dein Zimmer auf«: Solche und ähnliche Sprüche verfolgen dich, bis endlich die Tür hinter dir zufällt. Warum lassen sie dich nicht einfach in Ruhe? Hier elf Gründe:

1.) Weil sie vergessen haben, wie geschafft sie selber früher nach der Schule gewesen sind. 2.) Weil sie sich nun mal für dich interessieren. 3.) Weil du von alleine ja sowieso nichts erzählst. 4.) Weil sie sich Sorgen machen. 5.) Weil du ohne Druck keinerlei Ordnungsliebe entwickeln würdest. 6.) Weil sie sonst keinen zum Reden haben. 7.) Weil sie neugierig sind. 8.) Weil sie ein schweigendes Kind für ein unglückliches Kind halten. 9.) Weil sie nichts so sehr fürchten, wie den Kontakt zu dir zu verlieren. 10.) Weil sie mit sich selber nichts anzufangen wissen. 11.) Weil sie sich einfach freuen, dass du da bist.

Aber Stress gibt es ja nicht nur, wenn man aus der Schule kommt. Vielen Eltern fällt es auch sonst schwer, ihren Kindern das notwendige Maß an Privatsphäre zuzugestehen. Ja, viele Eltern machen sich noch nicht einmal klar, dass Kinder überhaupt ein Recht auf ihr eigenes, ganz privates Reich haben! Siehe zum Beispiel das Thema »Zimmer aufräumen«. Wenn man als Jugendlicher gern im Chaos lebt und es toll findet, alle Sachen auf den Fußboden zu schmeißen und dort liegen zu lassen, ist der Stress schon vorprogrammiert. Eltern glauben nämlich, dass man später ein sehr schlampiger Erwachsener sein wird, wenn man als Kind nicht das Aufräumen gelernt hat. Da ist zwar durchaus was dran. Aber es ist natürlich vollkommen unnötig und übertrieben, das Aufräumen zu einer »heiligen Pflicht« zu machen – so, als würde wegen eines chaotischen Kinderzimmers demnächst der Dritte Weltkrieg ausbrechen.

Eltern wollen, dass immer alles nach ihren Vorstellungen gemacht wird. Es fällt ihnen unglaublich schwer, Kinder und Jugendliche als eigene Persönlichkeiten mit eigenen Vorstellungen zu akzeptieren. Was übrigens am besten hilft, ist: Gar nicht lange diskutieren, Tür zu und aus »Goodwill« einmal pro Woche richtig gründlich aufräumen. Das hat obendrein die folgenden elf Vorteile: 1.) Man findet wieder, was man schon lange vermisst. 2.) Es riecht besser. 3.) Das ganze Zimmer wirkt wie frisch gestrichen und renoviert. 4.) Das Zimmer ist plötzlich größer. 5.) Mit dem Zimmer räumt man auch gleich den Kopf mit auf und kann nachher besser denken. 6.) Weniger Stress (siehe oben). 7.) Geringere Stolpergefahr. 8.) Weniger Ungeziefer (Spinnen usw.). 9.) Freunde kommen einen lieber besuchen. 10.) Man wird den Geschwistern als Vorbild präsentiert. 11.) Aufgeräumtes Zimmer vorzeigen ist der passende Moment dafür, Mama um Geld anzupumpen (es stimmt sie nämlich milde).

7. Warum versteht mich keiner?

Diese Frage klingt ein bisschen nach dem Autofahrer, der im Verkehrsfunk die Warnung vor einem Geisterfahrer hört und sich wundert: »Was heißt hier einer? Das sind Hunderte!« Ist es nicht eigentlich eine Frage, die sich Verlierer und zartbesaitete Selbstbemitleider stellen? Die ewig Unverstandenen. Die doch immer das Beste für alle wollen: für den Partner oder die Partnerin, für die Kinder, für die ganze Familie. Es ist also eine höchst verdächtige Frage. Wer sie ständig stellt, der hat ein Problem. Und trotzdem ist es einer der elf häufigsten Stoßseufzer in der Familie: »Warum versteht mich keiner?«

Sagen wir es mal ganz brutal: Weil du zu dämlich bist, deine Wünsche und Vorstellungen innerhalb der Familie so rüberzubringen, dass sie jeder kapiert und sich dann auch danach richtet. Du bist ein Familien-Loser. Es liegt dieses Mal ausnahmsweise nicht an den anderen. Es liegt an dir. »Warum versteht mich keiner?« Ja, warum denn?

11 mögliche Gründe, von denen vermutlich mehrere zutreffen: 1.) Du sprichst zu wenig und glaubst, dass die anderen dich auch so verstehen müssten. 2.) Du sprichst eine Sprache, die niemand in der Familie versteht. 3.) Du fängst immer gleich an zu heulen und scheidest schon deshalb als Kommunikationspartner aus. 4.) Du weißt dir meistens nicht anders zu helfen, als zu schreien. 5.) Du wirst ausfallend und beleidigst die anderen Familienmitglieder, bevor sie damit anfangen können, dich zu verstehen 6.) Du respektierst die anderen in der Familie nicht als ernsthafte Lebenspartner, sondern du hältst alle außer dich für bescheuert. 7.) Du neigst dazu, Debatten vorzeitig abzubrechen, und knallst schon mal gern mit den Türen, feuerst irgendwas gegen die Wand oder wirst sogar handgreiflich. 8.) Du möchtest den anderen etwas

mitteilen, was vollkommener Schwachsinn ist, und verwechselst ihren natürlichen Protest mit Unverständnis für deine Situation. 9.) Du bist ein notorischer Egozentriker und denkst immer nur an dich. 10.) Du bist keinem Argument der ach so bösen anderen zugänglich, bestehst also auf einseitiger Kommunikation. 11.) Du möchtest weder verstehen noch verstanden werden, sondern es geht dir lediglich um deine persönliche bessere Machtposition im Mini-Kosmos der Familie.

Jedenfalls gelingt es dir nicht, mit den anderen in der Familie zu kommunizieren. Und dafür kann niemand etwas. Außer dir selber.

Allenfalls kann man noch verstehen, wenn Teenies diese Frage stellen. Sie leben tatsächlich in einer Welt, die allen anderen (übrigens inklusive den eigenen Geschwistern) derart fremd ist, dass ein gravierendes Kommunikationsproblem unausweichlich auf alle Beteiligten zukommt. Aber auch Teenies müssen sich die Frage gefallen lassen, warum sie als Geisterfahrer über die familiäre Autobahn rasen, anstatt die Richtung zu ändern. Dazu wären Teenies nämlich durchaus in der Lage. Sie wollen nur nicht. Sie verzweifeln an der Welt, und sie bemitleiden sich deshalb selbst am meisten.

Wenn Ehemänner und Väter sich fragen, warum sie keiner versteht, dann ist es schon komplizierter. Meistens haben sie dann ein Autoritätsdefizit. »Keiner versteht mich« bedeutet bei Männern: »Keiner hört auf mich« oder »Keiner hält sich an das, was ich sage« oder »Niemand kapiert, was ich wirklich möchte«, in der Kernaussage jedoch: »Meine Position in der Familie ist nicht die, die ich eigentlich haben müsste und möchte.« Viele Väter sehnen sich insgeheim nach der hierarischen Familienstruktur zurück, die sie von ihren eigenen Großeltern kennen und die ihnen natürlich mehr Macht zubilligen würde, als sie in einer heutigen, meist recht demokratischen Familienstruktur für sich reklamieren können.

Früher hat der Alte einfach bestimmt, dass die Familie am Sonntag nach der Mittagsruhe einen Spaziergang zu machen hat, und es hätte keiner gewagt, dagegen aufzubegehren. Heute muss sich der Vater eines 15-Jährigen schon etwas äußerst Interessantes einfallen lassen, um seinen Sohn hinterm Computer vorzulocken; insofern ist der Job des Vaters schwieriger geworden. Aber auch der Job des Ehemanns, denn die Frau kuscht auch nicht mehr, sondern sie sagt vielleicht: »Mach *du* doch mal was mit den Kindern! Ich treff mich mit meiner Freundin.« Und weg ist sie.

Allerdings fragen Männer sich nur selten, warum sie niemand versteht. Weil Männer sich ohnehin weniger fragen als Frauen. Sie denken nicht ständig über ihre eigene Situation nach. Sie funktionieren, und das genügt ihnen. Frauen jedoch fühlen sich stets unverstanden. Eine jede Frau glaubt, dass sie eigentlich eine Prinzessin hätte werden sollen. Deshalb kann es einer Frau wunderbar gehen – sie wird trotzdem insgeheim mit ihrem traurigen Schicksal hadern. Als Folge davon ist sie latent unzufrieden – sie gibt den anderen die Schuld daran. Sie fühlt sich unverstanden und schlecht. Nun muss sie sich trösten und kauft sich was Schickes, oder sie isst etwas Süßes. Danach geht es ihr besser. Trotzdem lässt sie – mit vollen Einkaufstaschen auf einer Praline kauend – noch schnell den Stoßseufzer los: »Warum versteht mich keiner?« Sehen Sie: So einfach ist das.

8. Bin ich denn eure Haushälterin?

Es ist ja schön, dass alle diese so unterschiedlichen Menschen, die sich Familie nennen, wenigstens morgens etwas gemeinsam haben. Sie kommen nämlich – einer nach dem anderen – mehr oder weniger zerzaust in die Küche reingelatscht, gähnen ungeniert und haben Hunger. Der äußert sich darin, dass sie den Küchentisch anglotzen.

Es geht nicht einer von ihnen zum Kühlschrank und holt etwas heraus, was er vielleicht noch nett auf einem Teller anrichtet und hinterher wieder mit Plastikfolie abgedeckt in den Kühlschrank zurückstellt. Nein, Gott bewahre. Sie stehen nur da und glotzen auf den Tisch.

Auf diesem Tisch hat jetzt das Frühstück zu stehen, weil auf diesem Tisch immer das Frühstück steht. Sie kratzen sich ohne alle Manieren, sie fahren sich durch die ungekämmten Haare, sie haben entweder überhaupt keine Lust auf gar nichts, oder sie haben es unglaublich eilig, jedenfalls stehen sie für einen Moment so da und glotzen auf diesen Tisch. Der muss anständig gedeckt sein. Anständig heißt: Da, wo die Marmelade immer steht, da muss sie auch heute stehen. Und zwar die richtige Marmelade. Die mit den ganzen Erdbeeren drin. Keine mit halben Brombeeren und keine mit viertel Blaubeeren, sondern die mit den ganzen Erdbeeren. Und zwar nur die von der einen Marmeladenfabrik und nicht die von irgendeiner anderen. Oder es muss Nutella sein. Da kann der Edeka von nebenan genau dieselbe Pampe unter dem Etikett »Gut & Günstig« zum halben Preis anbieten, und es würde genauso schmecken, nur eben ohne den Nutella-Aufdruck auf dem kackbraunen Glas: Nix. Gar nix. Ja, essen die denn die Packung oder den Inhalt? »Das mag ich aber nicht!«, heißt es dann.

Gefrühstückt, hastig und ungesund, den frisch Gepressten wieder einmal stehen gelassen, »Tschüs, Mama«, und schon sind sie weg. Ein flüchtiger Kuss, kein Dankeschön, kein Abräumen. Wieso sagen die eigentlich »Mama« zu ihrer Haushälterin?

Aber das ist ja wenigstens etwas: das gemeinsame Frühstück. In vielen Familien ist es – einmal abgesehen von Heiligabend – das letzte Mal, dass sich alle gemeinsam in einem Raum versammeln. Das wird nicht wieder vorkommen. Weder mittags noch abends. Weder heute noch morgen.

Die Putzfrau und Haushälterin, auch »Mama« oder »Schatz« genannt, macht aber nicht nur traditionsgemäß das Frühstück für alle. Sie hat auch sonst genug zu tun. Als Hausfrau kann sie gleich damit anfangen, wenn die Letzten überstürzt das Haus verlassen haben. Ist sie jedoch berufstätig, so konzentriert sich ihr unbezahlter Nebenjob auf ein relativ schmales Zeitfenster irgendwann nach Feierabend. Helfen die anderen denn gar nicht im Haushalt?

Doch, das tun sie. Es ist heute sogar ganz normal, dass die Haushaltspflichten zwischen allen, die keine Windeln mehr tragen, möglichst gleichmäßig aufgeteilt werden. Nur herrschen zwischen den meisten Familienangehörigen vollkommen unterschiedliche Vorstellungen darüber, was wann wie gemacht werden muss. Ein Zimmer kann man zum Beispiel mit kreisrunden Staubsaugerbewegungen reinigen und trotzdem behaupten, man sei in allen Ecken gewesen. Man kann auch um Tischbeine und Stühle herumsaugen, anstatt sie beiseite zu stellen. Eine volle Mülltüte kann man sehr schön direkt an der Haustür stehen lassen, wo sie irgendjemand schon mal provokativ deponiert hat, und man kann sie so lange standhaft ignorieren, bis man das nächste Mal ohnehin zur Haustür geht, also zum Beispiel am nächsten Morgen. Warum soll man zweimal laufen? Das wäre nicht ökonomisch gedacht, und wir sollen doch Energie sparen! Also immer mit der Ruhe.

Bei der Frau setzt wieder das verdammte Harmoniebedürfnis ein, das sie so gerne los wäre. Dann macht sie's halt selbst. Und fragt sich: »Bin ich eigentlich eure Haushälterin?« Das ist sie natürlich nicht. Sondern oft genug fehlen ihr nur die guten Nerven, die sie bräuchte, um keine Haushälterin mehr zu sein.

9. Kann es nicht immer so harmonisch wie zu Weihnachten sein?

»Nichts ist schwerer zu ertragen als eine Reihe von schönen Tagen.« Es ist also fraglich, ob wir so viel Familienglück überhaupt noch als solches wahrnehmen würden. Wahrscheinlich nicht. Wir würden diese Dauer-Harmonie schon bald als Normalzustand empfinden, und über geringe Abweichungen nach unten würden wir uns dann genauso ärgern wie heute, nur auf höherem Niveau. Dennoch lässt sich vieles von der sogenannten Weihnachts-Harmonie in den Alltag hinüberretten (sofern wir denn Weihnachten überhaupt als harmonisch empfinden – in vielen Familien scheint es ja das stressigste Fest überhaupt zu sein). Also, wie hinüberretten? 11 Fakten und 11 Lehren für den Alltag.

Wenn Weihnachten schön ist, funktioniert es so: 1.) Weihnachten denken alle an alle (wenigstens beim Geschenkebesorgen). Lehre für den Alltag: Etwas für die anderen tun, macht Spaß und schafft Harmonie. Auch an den restlichen 364 Tagen im Jahr. 2.) Weihnachten ist ein Gemeinschaftserlebnis. Lehre für den Alltag: Ihr müsst viel mehr zusammen unternehmen, dann lebt ihr glücklicher. 3.) Weihnachten möchten alle nett sein. Lehre für den Alltag: Man muss die eigene schlechte Laune nicht immer gleich allen zeigen, sondern man kann sie auch mal für sich behalten. 4.) Weihnachten hat schöne Rituale vom Tannenbaumschmücken bis zu der Bescherung, von Bockwurst mit Kartoffelsalat bis hin zum bunten Teller. Es sind Rituale, an denen alle hängen. Lehre für den Alltag: Auch die übrigen 364 Tage möglichst viele Familien-Rituale schaffen, und vor allem auch durchhalten! 5.) Weihnachten essen alle zusammen. Lehre für den Alltag: Mindestens eine gemeinsame Mahlzeit pro Tag ohne Fernseher ist ein Muss. 6.) Weihnachten macht sich jeder ein bisschen schick.

Lehre für den Alltag: Es schadet überhaupt nichts, wenn du auch sonst etwas auf dein äußeres Erscheinungsbild achtest! Und zwar nicht nur, wenn du gleich ausgehen möchtest. 7.) Weihnachten kommen meistens Verwandte, die man sonst nicht so oft sieht. Oder man besucht sie. Lehre für den Alltag: Auch du wirst einmal alt und freust dich, wenn die Kinder kommen! Also halte den Kontakt zur Verwandtschaft, dann hält die Verwandtschaft auch den Kontakt zu dir. 8.) Weihnachten singt man gemeinsam irgendwelche Lieder von »O du fröhliche« bis »Stille Nacht«. Lehre für den Alltag: Statt singen kann man ja auch spielen. Irgendetwas wird es doch geben, was die Familie gern gemeinsam macht, und das muss man pflegen. 9.) Weihnachten ist halt einfach ein besonderes Fest. Lehre für den Alltag: Versucht doch auch einmal, aus einem ganz normalen Alltag ein »Fest« zu machen! Das muss nichts kosten. Manchmal tut es schon eine brennende Kerze auf dem Abendbrottisch, eine schmusige CD im Player und ein nettes Lächeln dazu. 10.) Weihnachten gibt es immer etwas zu essen, was alle mögen. Lehre für den Alltag: Fragt doch auch sonst einmal im Kreis der Lieben herum, wer was am liebsten isst! 11.) Weihnachten hat was mit Glaube und Religion und der frohen Botschaft zu tun. Lehre für den Alltag: Irgendeine Botschaft und irgendeine Moral muss man den Kindern schon vorleben. GZSZ kann das nicht für uns tun, DSDS ist nicht das Evangelium, und Heidi Klums Next Topmodel ist kein gottgesandter Engel mit irgendeiner frohen Botschaft. Also: Welche Werte bestimmen das Familienleben zwischen dem 25. Dezember dieses Jahres und dem 23. des nächsten Jahres?

10. Warum sind mir meine eigenen Kinder manchmal so fremd?

»Ich habe ein sehr schönes Familienleben und möchte mich überhaupt nicht beklagen. Wir machen sehr viel miteinander, verstehen uns alle sehr gut und sind nicht nur nach außen hin seit nunmehr 17 Jahren so eine richtige Vorzeige-Familie«, sagt Vera (52, Krankenschwester, verheiratet, zwei Kinder von 15 und 12). »Aber trotzdem frage ich mich manchmal, warum ausgerechnet wir miteinander verwandt sind. Das kommt mir so zusammengewürfelt vor. Meine Kinder sind total unterschiedlich und haben eigentlich kaum Ähnlichkeit mit meinem Mann oder mir. Also äußerlich schon, aber im Charakter, im Wesen, da sind sie ganz anders. Ich kann nicht sagen, dass ich mich oder meinen Mann in unseren Kindern wiedererkenne. Natürlich haben wir ihnen vieles beigebracht, wir haben ihnen Werte vermittelt und Halt gegeben, das merkt man ihnen durchaus an. Aber im Grunde sind beide so ganz anders als wir. Und jetzt frage ich mich: Ist so eine Familie, wenn man also mal tiefer blickt, nicht ein total willkürlich zusammengewürfelter Haufen?«

Wir sitzen in einer kleinen Gesprächsrunde für dieses Buch zusammen; sieben Frauen und der Autor. Im Kamin knacken die Scheite, in den Gläsern perlt der Prosecco, und alle sind neugierig auf das Thema des Abends. Wieso ausgerechnet ich und meine Kinder? Warum nicht ich und ganz andere Kinder oder meine Kinder mit ganz anderen Eltern?

Das kennt jeder, der eine Familie hat. Die beiden Söhne haben die Nase und die Art zu diskutieren eindeutig vom Vater geerbt. Die ältere Tochter hat die Ohren von der Mama und ist auch sonst so wie sie. Oder sie ist wie Oma, wie Tante Else, jedenfalls auch nicht aus der Art geschlagen. Und dann gibt es den

Jüngsten. Er hat nichts von Papa, nichts von Mama, nichts vom Opa und nichts von der Oma. Er ist einfach ganz anders. Und trotzdem ist er Teil der Familie.

»Eine Familie ist aus uns geworden, weil ich meine Kinder im Bauch hatte«, sagt eine. »Das habe ich doch gespürt, und so ist eben Liebe entstanden. Und dann gehört eben noch der Mann dazu.« »Quatsch. Dann wären alle Adoptiveltern schlechte Eltern, wenn man die Kinder als Mutter im Bauch gehabt haben muss«, sagt die Zweite. »Liebe kann doch auch wachsen, also entweder hat man diese Innigkeit von der Nabelschnur her, oder man bekommt sie eben später. Das ist dann aber keine zweitklassige Liebe, sondern sie zählt genauso.« »Dann ist es aber doch austauschbar?«, wirft die Dritte ein. »So nach dem Motto: Gib nur irgendeiner Frau irgendein Kind, und sie wird es schon lieben?« »Nein, das stimmt auch nicht.« »Dann frage ich anders herum: Kannst du dir vorstellen, dass eine x-beliebige Frau ein x-beliebiges Kind bekommt oder zugeteilt kriegt, und sie fängt nicht sofort an, es zu lieben und eine Familie für das Kind zu bauen und es ihm so schön wie möglich zu machen? Doch, das wird sie tun. Sie wird sich sofort liebevoll um das Kind kümmern. Also …?« »Also können Kinder getrost ganz anders sein als ihre Eltern, oder sie müssen gar nicht von der eigenen Mutter geboren worden sein, denn das Sich-Kümmern, das Liebe-geben-Wollen und das Bedürfnis, die Kinder zu beschützen, das ist in den Eltern drin. Das bringen sie sozusagen mit.«

»Frauen wollen sich nun einmal um andere, Schwächere kümmern und Liebe schenken«, sagt eine der Teilnehmerinnen dieser Gesprächsrunde. Der Autor sagt: »Das klingt aber verdächtig nach der angeblich gottgewollten Rolle der Frau als Muttertier, oder etwa nicht? Das kann ja so nun auch nicht stimmen. Denn dann wären Frauen ohne Kinder ja gar keine richtigen Frauen.«

Viele Frauen, die ein angenommenes Kind großziehen, sagen: »Ich liebe es so wie mein eigenes.« Ist nicht schon in dieser Formulierung eine Abqualifizierung enthalten? Ist einer Frau das Kind von der eigenen Nabelschnur von Natur aus näher oder nicht?

Tatsache ist, dass vielen Müttern ihre eigenen Kinder irgendwann einmal sehr fremd vorkommen. So als wären es die Kinder von anderen Müttern. Sie können auch keine Ähnlichkeiten zum Vater entdecken. Es ist einfach ein neuer Mensch, der da heranwächst. »Ein Drittel kommt von den Genen, ein Drittel kommt von der Erziehung, und ein Drittel kommt von der Umwelt«, sagt eine der Frauen. »Und was daraus entsteht, das kommt einem manchmal eben sehr seltsam vor.« Es wird eine lange Nacht ...

11. Besteht unsere Familie denn nur aus Egoisten?

Der Mann guckt die *Sportschau*. Klar will er alles erledigen, was er auf der Liste hat. Und zwar prompt. Noch heute. Aber doch nicht jetzt, Schatz! Du siehst doch ... *Sportschau* ...! Verdammter Egoist. Sie könnten schon wieder mit der Tür knallen.

Der Junge hat die Kopfhörer auf. Das ist so, als wenn Sie sich mit einem Taubstummen unterhalten. Nur versucht der Taubstumme, Ihnen etwas von den Lippen abzulesen. Aber der Junge guckt nicht mal hin. Sie stehen da wie diese Flugzeugeinweiser mit ihren tellergroßen Signalschildern in der Hand und winken und machen und tun: Fehlanzeige. Schon bald werden Sie sauer und machen mit der Hand den Schnitt vor der Kehle: Könnte dich umbringen! Der Müll muss raus, und die Läden machen gleich dicht. Der Junge kriegt es einfach nicht mit. Ganz der Vater.

Die Kleine ist mit ihrem Traumtypen am Chatten. Mama ...! Siehst du nicht, dass ich beschäftigt bin? Manno, nun mach endlich die Tür zu! Und sie hackt in die Tasten, dass es nur so klappert. Sie kichert und genießt ihre virtuelle Bedeutung, die in so einem interessanten Kontrast zu ihrer Existenz *in real life* steht. Die denkt sowieso nur an sich. Und spätestens jetzt knallen Sie die Tür.

Das Baby schreit, weil es Hunger hat. Das ist der einzige Fall von Egoismus, den Sie akzeptieren. Babys dürfen egoistisch sein. Sie nehmen es also hoch und klappern in der Küche mit dem Geschirr, weil Sie ihm den Brei warm machen.

Das wiederum hört der Hund und denkt, da gibt es vielleicht ein Stück Speckschwarte, denn die Alte scheint zu kochen. Schon unterbricht er seinen gesegneten Schlaf und setzt sich direkt in die Küche. Und zwar genau dahin, wo Sie gerade mit dem Brei zugange sind. Der Sabber läuft ihm schon aus dem Maul, und er verfolgt jede Ihrer Bewegungen wie ein Luchs. Na ...? Kein Speck ...? Dann verschütte wenigstens ein bisschen Brei von dem dämlichen Baby, damit ich ihn auflecken kann!

Eins hat der Hund mit dem Rest gemeinsam. Er ist sich selbst der Nächste. Das Familienmotto heißt: »Alle denken nur an sich. Nur ich, ich denk an mich.« Das hier ist gar keine Wohnung. Das ist eine therapeutische Anstalt für Egoisten und Egozentriker, die da draußen mit Recht als gemeingefährlich gelten würden, weswegen man sie hier zusammengepfercht hat. Eigentlich müsste die Krankenkasse hier die Miete zahlen. Oder die Justizkasse. Wer eine Familie zusammenhält, der spart dem Staat den Knast. Wenn die sich auf der Straße so benehmen wie zu Hause, dann kommt sofort die Polizei.

Das war jetzt alles aus Frauensicht. Sind Frauen denn gar nicht egoistisch? Aus Männersicht liest sich das so:

Jetzt hat sie sich letztes Jahr erst die neuen Schuhe gekauft, und heute kommt sie mit dem Pulli an? So wird das nie was mit unserem Haus. Merkt sie denn nicht, dass ich mir alles verkneife? Erst neulich diese geile Bohrmaschine, habe ich die vielleicht gekauft? Nein, ich habe sie nicht gekauft. Aber ihr neuer Pulli, der musste natürlich sein. Wenn sie sagt, dass er 70 Euro gekostet hat, dann ist das wahrscheinlich nur die halbe Wahrheit, also schätzen wir ihn mal auf 140. Liest die keine Zeitung? Alle müssen sparen. Nur wir offenbar nicht. Die Wirtschaft geht zugrunde, und wir kaufen Pullis. Das ist ... verdammt egoistisch ist das von ihr. Aber, na gut. Dann geh ich eben morgen los und hole mir die Bohrmaschine. Nur so aus Bock. Wenn wir schon untergehen wegen dieser verdammten Kaufsucht, dann wenigstens gemeinsam.

So eine Zwangsgemeinschaft von Leuten unterschiedlichen Charakters, unterschiedlichen Alters und unterschiedlicher Interessen, die mehr oder weniger zufällig miteinander verwandt sind, besteht tatsächlich aus lauter Egoisten. Liebe ist auch total egoistisch. Denn ICH liebe, weil MICH die, die ICH liebe, glücklich machen. MICH. Und immer wieder ... ICH. Und wenn aus lauter Egoisten wenigstens manchmal, wenn auch ganz selten, wenn auch zu selten, wenn also aus lauter Egoisten irgendwann mal eine verschworene Gemeinschaft wird und wenn es nur für einige Minuten so zu sein scheint: Dann ist das Familie. Dann ist das Glück. Familienglück.

2. Kapitel

ZUR VERSÖHNUNG
11 FAMILIEN-HIGHLIGHTS

12. Warum sind halbwilde Teenies manchmal wieder so schmusig?

Das kennen alle Eltern. Und wenn es passiert, dann gucken sie mit ernsthaften Symptomen der Rührung ihre ansonsten mehr oder weniger missratenen Kinder heimlich von der Seite an. Dabei fragen sie sich: Was ist denn nur passiert? Warum seid ihr wieder so schmusig? So, als wäret ihr nicht schreckliche 14 oder 16, sondern vier oder sechs Jahre alt? Das müsste euch doch eigentlich selber peinlich sein!

Aber nein, das ist es nicht. Halbwilde Teenies, nach außen hin obercool und durch nichts zu erschüttern, schmiegen sich plötzlich in Mamas Arme. Man erzählt sich von 17-Jährigen, die plötzlich wieder eine Gute-Nacht-Geschichte erzählt bekommen möchten. »So wie früher, Papa.« Und Papa sitzt am Bett des langen Lulatschs und versucht, sich an die alten Geschichten zu erinnern, die er früher immer so gern erzählt hat. Und dabei kommt er sich irgendwie komisch vor. Denn das ist kein Kind da im Bettchen. Das ist auch kein Bettchen, sondern ein Bett. Da liegt ein Halberwachsener mit verklärten Kinderaugen: Sohn und Tochter voll auf Retro. Halbwüchsige auf dem »Ich bin doch noch so klein«-Trip.

Die Erklärung ist ganz einfach. Es liegt in der Natur des Menschen, sich stets gern an vergangene Zeiten zu erinnern und diese rückblickend zu verklären. Opa schwärmt vom Zweiten Weltkrieg, als sei der ein spannendes Pfadfindertreffen gewesen und kein mörderischer Überlebenskampf mit Blut und Tränen. Vater erinnert sich daran, wie er damals fast in der Bundesliga gespielt hätte, und vergisst, dass es letztlich doch nur knapp für die Kreisklasse gereicht hat. Unsere Kinder, so cool sie sich auch geben, möchten allzu gern noch einmal klein sein. Sie wissen ja, dass

Erwachsenwerden mit vielen äußerst anstrengenden Verpflichtungen verbunden ist und durchaus nicht nur Vorteile mit sich bringt. Wie schön ist es doch, wenn man noch einmal so behütet und beschützt sein darf wie damals!

Das sollten wir ihnen wirklich gönnen. Es gibt eine schöne Grundregel, wie Eltern mit heranwachsenden Jugendlichen in so einer Situation umgehen sollten. Sie lautet: »Wann immer die Kinder sich an früher erinnern: Nehmt euch alle Zeit der Welt, lasst alles liegen, haltet nichts für wichtiger. Die Auseinandersetzung mit der Vergangenheit gibt euern Kindern die notwendige Sicherheit für ihre Zukunft!«

13. Warum guckt mich mein Mann plötzlich wieder so verliebt an?

Oder warum guckt mich meine Frau plötzlich wieder so verliebt an? Ja, was ist denn da passiert? Möchte er/sie vielleicht mal wieder netten Sex? Hat da jemand die Vorteile der Partnerschaft neu entdeckt? Hat da jemand ein schlechtes Gewissen? (Nein, das wollen wir jetzt einmal nicht unterstellen.) Also: Warum plötzlich diese verliebten Blicke, so als wenn aus dem Brennnesseldschungel des Alltagstrotts unvermutet eine liebreizende Rose erblühen würde?

Keine Panik: Das gibt sich wieder. Schon morgen sind diese leichten Fieberschübe von aufkeimender Romantik Schnee von gestern, und alles ist wieder so wie immer. Oder wollen wir »faustisch« zu dem Augenblicke sagen: »Verweile doch, du bist so schön«[*]?

Dr. Faust war bekanntlich ein Idiot, der im vorgerückten Alter auf eine viel zu junge Frau hereingefallen ist, was ihm aber der Satan eingeredet hatte, und er, also der Dr. Faust, der konnte eigentlich nix dafür. Ein Thema, das viele Frauen aus eigener Eheerfahrung kennen, aber etwas anders bewerten würden, da sie keinen Satan zur Hand haben. Das nur nebenbei. Also: Woher kommen diese schwer erklärlichen Anflüge von Spontan-Romantik, die durchaus nicht nur Männer manchmal haben – sondern die auch Frauen zu eigen sind?

Liebe Ehefrauen, es ist so: Manchmal haben sogar Männer helle Momente. Lethargie und Egoismus, diese beiden typisch männlichen Liebeskiller, verziehen sich vom Ehehimmel, der plötzlich wolkenfrei ist. Der Mann denkt nach. Ja. Er *denkt*. Eine Tätig-

---

[*] *Goethe, Faust I*

keit, die er in aller Regel nur in der Firma ausübt; zu Hause pflegen Männer nicht so viel zu denken. Aber dieses Mal eben doch.

Mensch, denkt der Mann, für ihr Alter sieht sie doch eigentlich noch recht gut aus. Mensch, denkt der Mann, eigentlich hat sie den Laden hier doch recht gut im Griff. Mensch, denkt der Mann, du kannst echt froh sein, dass du gerade sie geheiratet hast. Mensch, denkt der Mann, unsere Kinder sind doch eigentlich auch ganz gut geraten, obwohl ich mich doch nie so richtig um die kümmern konnte.* Mensch, denkt der Mann, so schlecht geht es uns doch gar nicht, und das ist auch ihr Verdienst. Dann kommt noch der Gedanke hinzu, dass man(n) sich eigentlich mal wieder um sie kümmern müsste. Und schon macht man den dazu passenden Gesichtsausdruck.

Eine Frau hingegen guckt ihren Mann verliebt an, wenn sie gern mit ihm schlafen möchte. Und zwar genau jetzt. Mehr ist dem nicht hinzuzufügen.

---

* *Er würde niemals denken »… obwohl ich mich doch nie so richtig um die gekümmert **habe**«. Beachten Sie deshalb die Formulierung.*

14. Warum hat meine Frau die ganze Woche noch nicht mit mir gemeckert?

Das könnte 11 Gründe haben. 1.) Ohne es zu ahnen, haben Sie zufällig etwas richtig gemacht. Sie könnten zum Beispiel Ihr ewiges Schweigen durchbrochen und wider Ihre Gewohnheit eine emotionale Seite gezeigt haben. Ihnen ist das gar nicht bewusst. Ihre Frau hat es genossen. 2.) Ihre Frau hat einen Plan. Sie möchte irgendetwas von Ihnen. Vielleicht hat sie heimlich Urlaubsprospekte gewälzt und schon ein Ziel ausgesucht, von dem sie genau weiß: Das wird nichts ohne Überredungskünste. Nun hält sie sich mit Kritik zurück und erzeugt gute Stimmung, bevor sie die Katze aus dem Sack lässt. 3.) Sie weiß bereits, dass sie vermutlich schwanger ist. Das behält sie aber noch für sich, weil sie erst einmal selber ganz sicher sein möchte. 4.) Sie hat einen Geliebten und packt bereits heimlich ihre Koffer. Wem es reicht, der will nichts mehr erreichen. Und wer nichts mehr erreichen will, der muss auch nicht mehr meckern. 5.) Ihre Frau hat gerade ihre versöhnlichen Tage; ihr ist nach heiler Welt zumute, und nichts kann sie aus der Fassung bringen. 6.) Die Woche hat eben erst angefangen. 7.) Sie sind auf einer Dienstreise. 8.) Ihre Frau ist auf einer Dienstreise. 9.) Sie haben freiwillig den Müll heruntergebracht, den Geschirrspüler eingeräumt oder sogar Ihrer Frau die Kinder abgenommen. 10.) Ihre Frau ist kürzlich verstorben.[*] 11.) Sie haben die ganze Woche noch nicht mit Ihrer Frau gemeckert, und »wie man in den Wald hineinruft, so schallt es heraus«.

---

[*] »Heißa, rufet Sauerbrot/Heißa, meine Frau ist tot/Hier in diesem Seitenzimmer/Ruhet sie bei Kerzenschimmer« (Wilhelm Busch). Frau Sauerbrot war allerdings nur scheintot und erscheint plötzlich mopsfidel im Wohnzimmer. Der Dichter kommentiert trocken: »Starr vor Schreck wird Sauerbrot/Und nun ist er selber tot.«

15. Warum sind unsere Kinder plötzlich so vernünftig?

Es überfällt uns Eltern, als wenn wir im vereisten Hamburg in den Flieger gestiegen sind und auf Teneriffa vor satt behangenen Apfelsinenbäumen unter gleißender Sonne wieder aussteigen. Sommer im Winter. Heiße Schokosoße auf Vanilleeis. Wir reiben uns die Augen. Schlafen oder träumen wir? Kneif mich! Was ist plötzlich los mit euch Kindern? Jahrelang habt ihr euch benommen wie Sau. Alles war euch egal. Ihr habt eine andere Sprache bzw. gar nicht mehr gesprochen. Ihr wart auch nicht mehr ansprechbar. Euer Zimmer war die reinste Müllkippe. Eure Noten waren alarmierend. Eure Umgangsformen waren katastrophal. Euer Ton war eine Zumutung. Eure Ignoranz war enorm. Eure Egomanie machte euch reif für eine Therapie. Nebenbei bemerkt: Uns auch. Und jetzt? Von gestern auf heute seid ihr wie ausgewechselt. Ihr fragt (!), ob ihr im Haushalt helfen könnt. Ihr sagt eine Verabredung ab (!), weil ihr morgen eine Klassenarbeit schreibt. Ihr geht früh ins Bett (!), weil ihr morgen früh raus müsst. Ihr sagt anständig (!) »Gute Nacht« und »Guten Morgen«. Ihr räumt euer Zimmer auf (!). Ihr fordert nicht, sondern ihr fragt (!). Willkommen in der Welt! Aber was ist da passiert?

Vermutlich handelt es sich um das Ende der Pubertät. Und was jetzt kommt, ist ganz wichtig: Das Ende der Pubertät kommt ungefähr ein Jahr nach dem tatsächlichen Ende der Pubertät. Bereits ein Jahr vorher wissen die Kinder schon, dass sie sich jahrelang total unmöglich verhalten haben. Da es aber recht bequem ist, in der Familie den großen Verweigerer zu spielen, bleiben sie noch mindestens zwölf Monate in dem angenehmen Kokon des unverstandenen, verzweifelten, sprachlosen, mülligen, pickeligen, schlechtgelaunten, aggressiven, psychotischen und für die Umwelt äußerst anstrengenden Pubertierers, um sich dann – haha, ein Jahr haben wir euch noch hingehalten – endlich so erwachsen zu geben, wie sie insgeheim schon lange sind. Deshalb gibt es eine goldene Regel, und hier wird dieses Reporter-Buch doch ausnahmsweise einmal zum Ratgeber-Buch: Liebe Eltern, lasst die Kids früher los, überlasst sie viel früher als geplant sich selbst, öffnet den Käfig, lasst sie flattern. Sie wissen, was sie wollen. Sie tun nur so pubertär. Sagt ihnen einfach, dass euch ihr weiteres Schicksal nicht mehr interessiert, sondern dass sie nun für sich selbst verantwortlich sind. Das spart euch Nerven. Die Kinder werden früher erwachsen. Und sie zeigen euch, dass sie schon sehr, sehr gut auf sich selber aufpassen können.*

---

* *Näheres zu diesem Thema im Bestseller »Wie Teenies ticken« (2007).*

16. Warum ist Heiligabend trotz Stress doch immer wieder schön?

Hey, wer hat denn Stress zu Weihnachten? Der Papa nicht und die Kinder nicht. Jedenfalls nicht so richtig schlimmen Stress. Sicher: Geschenke müssen die auch besorgen, und sie haben natürlich wieder einmal weder Ideen noch einen Plan. Also kommen sie ungefähr ab 23. Dezember in einen gewissen Stress, aber der ist doch zu vernachlässigen. Papa hat dann noch etwas Stress, weil Mama so wie jedes Jahr am Tannenbaum herumnörgelt und ständig behauptet, dass er schief steht, während der bemitleidenswerte Papa darunter liegt und sein Bestes zu geben versucht. Natürlich hat sie schon vorher kritisiert, dass wieder einmal der falsche Baum für viel zu teures Geld gekauft wurde, aber auch das ist eigentlich kein echter Stress.

Deshalb lautet die erste Antwort: So richtigen Stress hat zu Weihnachten immer nur diejenige, die ihn sich macht, und das ist die Frau. Für dieses Buch wurden eine Menge Interviews mit Frauen geführt. Auch gerade zum Thema Weihnachten. Über 80 Prozent von ihnen sagten: »Es ist jedes Jahr dasselbe. Wir wollen gar keinen Stress, sondern ein ganz ruhiges, besinnliches Weihnachtsfest. Aber es gelingt einfach nicht, weil wir doch ziemlich alleine gelassen werden mit den ganzen Vorbereitungen. So bleibt am Ende alles an uns hängen, und wenn es dann friedlich und besinnlich wird, dann sind wir total erledigt.«

Die zweite Antwort heißt also: Heiligabend wird auch deshalb als letztlich doch sehr schön empfunden, weil der Stress der Vorbereitung nun endlich nachlässt. Ja, Frauen sind so gestrickt. Sie wollen unbedingt mehr als hundert Prozent geben, verausgaben sich dabei total, sind dann vollkommen erschöpft und freuen sich am Ende, dass sie trotzdem alles geschafft haben.

Das ist ihre Weihnachtsfreude. Während Mann und Kinder mit 70 Prozent vollkommen zufrieden gewesen wären. Ist das nicht irre?

Zum Beispiel entschieden sich bei der Frage »Sollte es Heiligabend ein anspruchsvolles Menü geben oder lieber Bockwurst mit Kartoffelsalat bzw. etwas vergleichbar Anspruchsloses?« immerhin 72 Prozent der Männer und sogar 78 Prozent der Kinder und Jugendlichen für »Bockwürste oder etwas Vergleichbares«, während das nur 32 Prozent der Frauen taten! Auf die Frage »Sollte man zu Weihnachten die Wohnung auf Hochglanz bringen?« antworteten 32 Prozent der Männer und nur sieben Prozent der Jugendlichen mit »Ja«, aber 84 Prozent der Frauen. Die überwiegende Mehrheit der Männer und Jugendlichen (72 Prozent) möchte zu Weihnachten möglichst wenig Familienbesuch und lehnt das Herumgefahre von einer Oma zur anderen total ab, während fast ebenso viele Frauen (71 Prozent) diesen zusätzlichen Weihnachtsstress für unerlässlich halten.

Sind die Kinder noch klein und haben diese leuchtenden ungläubigen Augen, in denen sich das Licht der Kerzen spiegelt, dann ist es ohnehin ein schönes Fest. Sind die Kinder aber größer, dann gibt es einen weiteren Grund: An Heiligabend entsteht endlich wieder einmal dieses *Familiengefühl,* das Eltern so sehr lieben und das ihnen das Jahr über fehlt. Wir haben es womöglich mit einer Generation von Jugendlichen zu tun, die egoistischer heranwächst, als wir es aus unserer eigenen Kindheit erinnern. Wir waren nicht so, oder? In vielen Familien muss man heute ein Machtwort sprechen, wenn man überhaupt einmal alle zusammen am Esstisch versammeln möchte. Früher war das doch selbstverständlich. Ja, früher …

17. Warum kommen auch erwachsene Kinder immer wieder gern nach Hause?

Es ist ganz leicht, diese Frage mit einem einzigen Satz zu beantworten: Weil es dort so herrlich bequem ist. Dieser Satz stimmt immer. Er ist niemandem fremd, der große Kinder hat. Aber gibt es da nicht noch mehr? Es lohnt sich, noch einen Moment länger bei diesem Thema zu verweilen.

Denn es ist doch ein seltsamer Widerspruch, mit dem Eltern es hier zu tun haben. Die Kinder haben mit Zähnen und Klauen darum gekämpft, endlich ihr eigenes Leben führen zu dürfen. Die Ausbildung, das Alter (endlich 18!) oder die Umstände haben nun dazu geführt, dass sie tatsächlich (und nach elterlicher Meinung eigentlich viel zu früh) ihre eigenen vier Wände haben. Ja. Nun müssten sie so richtig glücklich sein und ihr eigenes Ding durchziehen.

Endlich nervt sie niemand mehr. Keine unliebsamen Fragen, wie der Tag gewesen ist. Keiner mehr, der sie davon abhält, ihre Sachen in die Ecke zu feuern. Sie können im Dreck ersticken, und es würde noch nicht einmal jemand merken (und auch nicht kritisieren). Kurzum: Es beginnt die absolute Glückseligkeit für die unausgegorenen Gören. (Übrigens auch für die genervten Eltern, denn die müssen sich nun um nichts mehr kümmern, außer die Miete zahlen.) Und was passiert?

Die Verantwortung für die eigenen vier Wände und ihre ungewohnte Freiheit lässt die Kinder in nur vier Wochen erwachsener werden als in den letzten vier Jahren zusammengenommen. Demzufolge beginnen sie die Last, die schon seit bald 20 Jahren auf ihren Eltern ruht, besser zu verstehen. Infolgedessen sind sie plötzlich wieder in der Lage, mit ihren Eltern vernünftig zu sprechen. Den Eltern fällt der Kontakt zu ihnen, auch wenn er zwischenzeitlich schwierig gewesen sein mag, wieder viel leichter. Da die Kinder jederzeit gehen können, wenn sie sich genervt fühlen, sind sie plötzlich wieder gern zu Gast im Elternhaus. Hinzu kommt Nostalgie, die erwacht: So regen sich 82 Prozent aller erwachsen werdenden Kinder auf, wenn die Alten damit beginnen, das ehemalige Kinderzimmer auszuräumen und vielleicht zum Gästezimmer umzufunktionieren.

Andere bestehen darauf, dass nichts, aber auch gar nichts von dem, was sie genervt zurückgelassen haben, irgendwann einmal der Sperrmüllabfuhr anheimgegeben wird. Wieder andere stöbern im Keller und auf dem elterlichen Dachboden nach Familien-Reminiszenzen, alten ausgelesenen Büchern, Fotoalben usw. und schwatzen sie den Eltern ab, um aus ihrer winzigen neuen Wohnung ein Sippenmuseum zu machen. »Das könnt ihr doch nicht vergammeln lassen, das sind doch wir!« Wun-der-bar. Das Kind, kaum flügge, entdeckt die Werte der traditionellen Familie, die es so lange konsequent ignoriert hat. Ach ja: Und natürlich ist es auch herrlich bequem, wenn Mama die Wäsche wäscht ...

18. Warum ist meine Frau im Urlaub so lustig drauf?

Wenn man als Mann oder ihr als Kinder ganz woanders hin möchtet, als Mama das will, dann solltet ihr eure Wünsche lieber zurückstecken und genau dorthin fahren, wo Mama im Urlaub gerne wäre. Denn nichts ist für Väter und Kinder in den Ferien schlimmer als eine schlechtgelaunte Frau und Mutter. Das ist ein todsicheres Rezept für einen harmonischen Urlaub: Einfach dorthin fahren, wo die Frau hin will.

Es ist auch gar nicht so unlogisch, wie es klingt. Denn die erholungsbedürftigste Person in der Familie ist meistens tatsächlich die Frau und Mutter. Männer arbeiten auch. Kinder haben ebenfalls ihren Stress. Aber das ist nichts im Vergleich zu dem, was eine Mutter managen muss, die vielleicht auch noch berufstätig ist. Hinzu kommt, dass – egal, ob Urlaub ist oder nicht – von der Stimmung der Frau meistens die Generalstimmung in der ganzen Familie abhängt, einmal abgesehen von Familien, in denen ein tyrannischer Vater regiert. Also: Hören wir auf die Frauen. Aber wenn die im Urlaub so richtig lustig drauf sind, hat das natürlich noch weitere Gründe.

Erstens genießt sie es, dass sich der Vater nun auch einmal um die Kinder kümmert. Zweitens gibt es ja vermutlich am Urlaubsort eine Menge Sachen, die die Kinder alleine machen können, also hat sie mal ihren Mann für sich (zum Beispiel können die beiden endlich mal wieder einen gemeinsamen Mittagsschlaf machen! Und nicht immer nur Sex in der Nacht mit Bierfahne). Drittens ist es am Urlaubsort vermutlich schön warm. Frauen lieben Wärme viel mehr als Männer, weil sie ja sowieso ständig kalte Füße haben. Fünftens muss sie nicht kochen. Frauen suchen sich sehr gerne Hotels aus, während Männer durchaus auch nichts gegen eine Ferienwohnung einzuwenden haben.

Die meisten Frauen betrachten es erst dann als Urlaub, wenn sie nicht kochen müssen. Dafür stehen sie auch gern, eingeklemmt zwischen lauter schwitzenden Menschen in geschmacklosen T-Shirts, an einem eher fragwürdigen Buffet an. Hauptsache, die dürfen mal aus der Küche raus.* Sechstens ist für die meisten Frauen erst dann Urlaub, wenn sie einen gewissen Luxus spüren, also »bedient« werden. Das ist natürlich leicht zu verstehen. 340 Tage im Jahr sind sie es, die »bedienen«, jedenfalls empfinden sie das so, und jetzt sind 25 Tage Urlaub angesagt, mehr kann man sich ja heute gar nicht mehr leisten, und da – bitte, bitte, wenigstens da! – wollen sie nun auch einmal »bedient« werden.

Das heißt zum Beispiel, dass sie morgens nicht die Betten machen müssen. Was meinen Sie, was es für eine Frau bedeutet, die vielleicht seit 30 Jahren jeden Morgen die Betten macht, wenn sie einmal nur »ja, herein« zu rufen braucht, und da kommt jemand rein, sagt »Zimmerservice« oder »Roomservice« und macht die Betten! Das ist wie Ostern und Heiligabend auf einem Tag für die Frauen. Die würden am liebsten daneben sitzen bleiben und zugucken, wie die das macht, und dabei auch noch ein Schlückchen Sekt schlürfen, und sie würden sich wie eine Prinzessin fühlen dabei. Ja, das ist Urlaub für Frauen. Mal ehrlich, ihr Männer – mal ehrlich, ihr Kids: Könnt ihr das nicht in einem Moment des totalen Frauen- und Mama-Verstehens irgendwie auch begreifen und nachvollziehen? Ist das denn so schwer?

So, also Mama ist nun glücklich, weil die Familie nämlich dort hingefahren ist, wo sie gern hinfahren wollte. Sie wird bedient von vorn bis hinten, muss weder kochen noch Betten machen, und auch sonst hat sie relativ wenig Stress mit den Kids. Nun trägt vermutlich zu ihrer guten Laune weiterhin bei, dass sie endlich wieder mal von anderen Männern angeschaut wird. Weil,

---

* *Es gibt natürlich auch andere, nageln Sie mich da nicht fest.*

am Pool oder abends in der Bar, da zieht sie sich was Schickes an, tanzt ausgelassen und sexy und fühlt sich irgendwie BEACHTET!

Das ist schön für Frauen, so als wenn Bergleute nach der Schicht aus dem Stollen kommen und erstmals nach acht Stunden ins Sonnenlicht blinzeln: Was meinen Sie, wie die das Sonnenlicht genießen. So genießt die Frau auch, dass sie im Urlaub endlich mal wieder von anderen Männern beachtet wird.

Weiterhin kommt dazu, dass Mama im Urlaub wahrscheinlich eine andere Frau getroffen hat, der es ebenso geht wie ihr. Das ist auch schön für die Frauen. Sie haben sooo viel zu besprechen. Nix Schlimmes, was Männer nicht hören dürfen, sondern nur eben, was Frauen so interessiert. Schöööööön!

So ungefähr geht das ab, wenn Frauen im Urlaub dorthin fahren oder fliegen dürfen, wo sie hinfahren oder hinfliegen möchten. Nochmals, Männer, Kids: Hier ist gehorchen angesagt. Einfach ins Reisebüro und sagen: »Hier ist die Frau, dort will sie hin, und nun buchen Sie das.«

19. Kann mein Papa nicht öfter mal mit mir tolle Sachen unternehmen?

Abenteuer mit dem eigenen Vater zu erleben ist für Kinder grundsätzlich unvergesslich. Es kann jedoch sein, dass Sie als Elternteil davon erst einmal gar nichts merken. Aber Sie können ganz sicher sein: Wenn das Kind älter ist, wird es sich genau an diese (viel zu seltenen) Tage erinnern.

Für kleinere Kinder ist zum Beispiel ein Grillnachmittag im Stadtpark ein absolutes Highlight. Für größere ist Angeln immer gut. Oder Sie setzen Ihr Kind mit verbundenen Augen außerhalb der Stadt aus und wetten mit ihm um einen Euro, dass es keinesfalls vor Ihnen zu Hause sein wird. Binde ab, und nun finde dich gefälligst selbst zurecht! Das kommt vor allem im Dunkeln gut, obwohl es natürlich nicht ganz ungefährlich ist. Aber die stets übervorsichtige Mama muss es ja nicht unbedingt vorher erfahren.

Mütter, das sagen erstaunlich viele Kinder, sollten bei solchen Abenteuern gar nicht unbedingt dabei sein. Es ist dieses »Gemeinsam-etwas-mit-Papa-Machen«, was den Kindern so gut gefällt. Solche Abenteuer – natürlich auch Campen, sich dann abends selbst das Essen machen, Geschichten erzählen, Lagerfeuerromantik, Radtouren über Nacht mit dem ersten Bier am Tresen der Dorfkneipe, eine Kraxeltour in den Bergen oder einfach mal im Sommer mit Papa auf dem eigenen Balkon übernachten: Das alles wird Ihr Kind niemals vergessen. Es zählt zu den Höhepunkten im Leben eines Kindes. »Können wir das nicht öfter mal machen?« ist das schönste Kompliment, das der Vater danach hören kann. Warum macht er es eigentlich nicht öfter?

Als mein ältester Sohn zwölf Jahre alt war, kaufte ich uns einen 64-er Deutz und eine Baubude. Die wurde hinten an den alten Trecker gehängt. Damit fuhren wir bei Wind und Wetter durch Deutschland und sogar bis nach Dänemark. Jeder Feldweg konnte ein wunderbarer Campingplatz sein. Jede Dorfbäckerei war ein lukullisches Highlight. Jede Landstraßenkreuzung war eine Herausforderung der besonderen Art: Beim Fahren hatte mein Junge mit seinen blaugefrorenen kleinen Händen nämlich die Aufgabe, die Karte zu lesen. Verzockte er sich, führte er uns also auf einen falschen Weg, dann musste er sein Taschengeld hergeben. Wählte er den richtigen Weg, gab es als Belohnung – nix. Es war hart für ihn. Aber noch heute (mit 31) erzählt er seinen Frauen von dieser seltsamen Art, Urlaub zu machen. Und seine Augen strahlen dabei. Auch ich habe diese »Trecker-Phase« – eine der verrücktesten in meinem Leben – in so schöner Erinnerung, dass ich mir im Juni 2009 wieder einen alten Trecker kaufte. Natürlich auch einen Deutz. Natürlich einen 64-er, was sonst? Und Sie ahnen schon, wer sich ganz oben auf die Liste der Mitfahrer setzen ließ, als es galt, das alte Teil in einem zugigen Sechs-Stunden-Trip auf eigener Achse zu überführen: Das war mein Ältester.

20. Warum sind manche Familientage so total harmonisch?

Es liegt im Auge des Betrachters. Vermutlich fangen viel mehr Tage im Jahr so harmonisch an wie diejenigen, an die wir uns rückblickend erinnern. Nur sind wir oftmals selbst schlecht drauf und realisieren die sich soeben abzeichnende totale Tages-Familienharmonie nicht. Die aber ist ein zartes Pflänzchen, das man rasch zertreten kann. Einer ist mit dem falschen Bein zuerst aus dem Bett gestiegen, es genügt nur eine einzige falsche Bemerkung, ein falscher Blick, eine falsche Berührung zur falschen Zeit, und die Harmonie ist im Eimer. Ja, es ist sogar die Vermutung erlaubt: In den meisten Familien könnten die meisten Tage im Jahr reinste Oasen der Harmonie sein, wenn nicht immer so etwas Blödes dazwischenkäme und den Tag vermiesen würde: eine falsche Bemerkung, ein falscher Blick ...

Kennen Sie das nicht auch? Schon vorm Frühstück wird herumgezickt. Wer wie lange das Bad blockiert, ist so ein lächerlicher Familienharmoniekiller, und im Bad selbst lauern mehr davon als Bakterien in einer ungeputzten Toilette: Zahnpasta wieder nicht zugedreht oder ihre Reste im Waschbecken hinterlassen, falsche Haarbürste benutzt, Geschwisterhandtuch genommen, im Stehen gepinkelt und auf den Boden getropft, im Stehen gepinkelt und auf die Brille getropft, Barthaare vom Waschbeckenrand nicht entfernt, letztes Blatt von Klorolle genommen und keine neue Rolle hingehängt, Fußmatte zerknautscht und nicht wieder gerade gezupft, Duschausfluss nicht von Haaren befreit, Dusche nicht sauber gemacht, Meister Proper nicht wieder dahin gestellt, wo Meister Proper zu stehen hat, Mamas Lippenstift benutzt, Tampon ins Klo gefeuert, Lieblingssender im Badezimmerradio verstellt, Spritzer auf Spiegel gespritzt, großes Geschäft gemacht und Duftspray vergessen, mit Papas Bademantel im Kinderzimmer verschwunden – und wohlgemerkt: Das war erst ein Familienmitglied, und es war nur ein einziger Badezimmerbesuch und nur ein einziger Morgen, der so schön harmonisch hätte verlaufen können. Jetzt geht ja der Nächste ins Bad, ist schon schlecht gelaunt, weil er so lange draußen warten musste, und nun nehmen Sie das bei zwei Kindern und zwei Erwachsenen mal vier, und Sie können sich *vielleicht* vorstellen, wie dieser Tag wohl weitergeht. Ach, Sie wollen sich das gar nicht vorstellen.

Ja, und dann gibt es Tage, an denen trotzt die Familienharmonie derart widrigen Erlebnissen, Zwischenfällen, Schlampigkeiten und familienspezifischen Unaufmerksamkeiten. Da schweben die Kinder wie von selbst aus dem Bett, anstatt wie Kaugummi am Laken zu kleben und erst unter Einsatz von roher Gewalt ins Bad zu schlurfen. Der Vater lächelt schon beim Aufstehen, obwohl er sonst vor dem Gang in die Garage nicht einmal angesprochen werden darf. Die Mutter riecht schon morgens gut. Draußen zwitschern die Vögel. Auch sonst verspricht es ein guter Tag zu werden. Diese wahnsinnige ungewohnte Harmonie wird noch getoppt durch ein gemeinsames harmonisches Frühstück. »Möchtest du noch etwas Marmelade?« (Wiederholen Sie diesen Satz in der extrem hohen Stimmlage Ihrer pubertierenden Tochter.) »Darf ich dir noch etwas Butter reichen?« (Das ist der stimmbruchgeplagte Sohn.) »Heute Abend sollten wir mal wieder einen Spieleabend einlegen. Ich freu mich schon drauf.« (Papa.) »So Leute, nun müsst ihr aber.« (Mama, total den Tränen nahe ob so viel familiärer Harmonie.) Tja, das sind Tage, von denen man noch lange träumen kann.

Es müssen alle eine positive Grundstimmung mitbringen, um aus einem noch ambivalenten und unentschlossenen Morgen einen guten Tag zu machen. Nein – fast alle. Nur ganz selten hat ein einziger Stinkstiefel die Power, um dem Rest der Familie die gute Laune bereits beim Frühstück zu verderben. Man kann den Stinkstiefel ja einfach kollektiv ignorieren. Oder ihm keine Angriffsfläche bieten. Stoßen jedoch zwei Stinkstiefel aufeinander, so ziehen sie den Rest der Familie garantiert mit nach unten. Zwei, die sich streiten. Einer, der schlichten will. Einer, der erziehen will. Womöglich meint nun noch jemand, ein »Machtwort« sprechen zu müssen. Das sind nun schon fünf im Getümmel, und wie soll sich die derart aufgeladene Familienatmosphäre wieder entspannen?

So wie der Morgen verläuft dann meistens der ganze Tag. Den Eltern geht die morgendliche Auseinandersetzung so schnell nicht aus dem Kopf. Sie tragen ihren Ärger den ganzen Tag mit sich herum. Sie haben aber keine Möglichkeit, ihren Frust abzubauen. Ähnlich geht es den Kindern, die sich wieder einmal ungerecht behandelt fühlen. Es sind die Tage, wo mittags die Tür vom Kinderzimmer knallt und der Vater abends die ungeklärten Familienprobleme möglichst innerhalb einer Stunde klären soll. Vergeblich! Das kann gar nicht funktionieren!

An Tagen, die total harmonisch sind, haben mehr oder weniger zufällig morgens alle das Richtige gemacht. Sie haben den Wecker gehört, Stinkstiefel ignoriert, das Bad geputzt, beim Frühstück die Marmelade herumgereicht und wieder einmal bewiesen, dass Familienleben doch eigentlich etwas ganz Wunderbares sein kann. So wahnsinnig schwer ist das ja nun nicht.

21. Warum finden alle Mütter den Muttertag blöd und genießen ihn dann trotzdem?

Weil Mütter jede Zuwendung genießen. Ganz egal, ob sie echt oder gespielt ist – und auch ganz egal, ob sie die restlichen 364 Tage des Jahres der Realität standhält. Zunächst einmal ist richtig, dass circa 82 Prozent aller Mütter den Muttertag für die Erfindung von Fleurop halten und auf kommerziell motivierte Liebesbeweise relativ wenig Lust haben. Das mit Fleurop ist übrigens falsch: Die US-Methodistin Anna Marie Jarvis verteilte am zweiten Maisonntag im Jahre 1907 vor der Kirche ihrer Heimatstadt 500 weiße Nelken an Kirchgängerinnen zum Gedenken an den Todestag ihrer eigenen Mutter und begründete damit den »Muttertag«. Tatsache ist allerdings auch, dass sich die Handelsverbände der Blumenhändler in den zwanziger Jahren schamlos des Muttertags bedienten, um den Absatz von Blumen zu steigern und Anna Marie Jarvis sich deshalb von ihrer eigenen »Erfindung« noch zu Lebzeiten distanzierte. So hatte sie das nämlich nicht gemeint. Tatsache ist weiterhin, dass die Nazis den Muttertag weidlich ausnutzten und förderten, um die Gebärfreudigkeit der deutschen Mütter zu steigern. Und schließlich ist auch Tatsache, dass Fleurop sicher nichts gegen den Muttertag einzuwenden hat. Aber wie auch immer: Die meisten Frauen finden den Muttertag blöd, aber sie genießen ihn trotzdem. Elf Gründe, warum das so ist.

1.) Frauen mögen es, wenn die Kinder ihnen kleine Bilder malen und ihnen das selbst gemachte Frühstück ans Bett bringen. 2.) Frauen sind romantisch und täuschen sich gern über die Realität hinweg, haben also lieber einen schönen Tag im Jahr als gar keinen. 3.) Wer mag denn einem Kind sagen, dass die Sache mit dem Muttertag blöd ist? 4.) Frauen hoffen immer bis zuletzt.

Und warum soll nicht ein bisschen Muttertag von Mai bis April ins junge Jahr hinübergerettet werden? 5.) Keine Frau gibt auf dem Spielplatz, wenn am Montag nach dem zweiten Sonntag im Mai alle Mütter mit leuchtenden Augen von den entzückenden kleinen Geschenken ihrer Kinder erzählen, gerne zu, dass sie gar nichts gekriegt hat, weil sie Muttertag abscheulich findet und ihrem Kind gleich von Anfang an die Meinung gegeigt hat, was dessen Muttertagspläne anging. So nach dem Motto: Komm mir ja nicht mit Blumen an. 6.) Eine Rolle spielt ja auch der Vater. Wenn der sich schon den Rest des Jahres nicht kümmert, dann doch wenigstens am Muttertag. 7.) Warum eigentlich nicht? Lass die doch auch mal was machen! 8.) Die Mutter hat ja selber eine Mutter, und die denkt vielleicht ganz anders über den Muttertag. 9.) Oder die Mutter von der Mutter ist bereits verstorben, dann kann man doch zum Muttertag mal wieder ans Grab mit der ganzen Familie. 10.) Man soll die Feste feiern, wie sie fallen. 11.) Endlich mal ausschlafen dürfen.

22. Warum werde ausgerechnet ich um meine Familie beneidet?

Es ist ein echtes Highlight, das Väter, Mütter und Kinder gleichermaßen stolz macht, wenn jemand sagt: »Ja, bei *euch* zu Hause, das ist ja toll, so möchte ich auch leben. Und wie ihr euch versteht. Und wie ihr miteinander umgeht. Das ist ja *die reinste Harmonie.*« Nach außen scheint das so zu wirken, und es macht uns alle megastolz. Auch wenn wir spontan 111 Gründe parat hätten, die dagegen sprechen! Also, erstens macht so ein Kompliment alle Generationen froh. Zweitens aber verhält es sich so: Von auffälligen Negativ-Beispielen abgesehen, wirken Familien nach außen immer anders, als sie in der Realität sind. Wir, die wir in unserer Familie leben, haben interne Kenntnisse von kleinen Zickereien und großen Auseinandersetzungen, von nervigem Alltagskrieg und unnötigem Auslassen der schlechten Laune an den anderen Familienmitgliedern. Aber davon wissen die anderen ja nichts! Die sehen nur unsere Sonntagsgesichter. Wir verhalten uns doch ganz anders, wenn fremde Leute dabei sind. Der Vater fährt dem Kind nicht so schnell über den Mund, wenn es was zu erzählen hat. Sondern er lässt es vielleicht sogar ausreden.* Das Kind schreit in Gegenwart von anderen nicht gleich »Ihr seid alle so was von daneben« und knallt die Tür zu, sondern es reißt sich auch mal zusammen. Es will ja einen guten Eindruck hinterlassen, und genau das gelingt ihm auch!

---

* *Übrigens einer der schwersten Fehler, den Väter machen können, aber sie machen ihn ständig: Nur wenige lassen ihre Kinder ausreden.*

3. Kapitel

NUN KOMMEN DIE KINDER ZU WORT

23. Warum habt ihr immer Angst um uns?

Eine Frage, die mehr die Mütter betrifft. Väter wissen auch nicht genau, warum Mütter so übervorsichtig sind. Sie werden euch aber nicht beipflichten. Kein Vater findet es klug, die Mutter in Gegenwart der Kinder zu kritisieren. Aber es kann gut sein, dass es ein Thema zwischen den beiden ist, wenn ihr im Bett seid. »Du bist übervorsichtig«, sagt er dann. »Wie soll das Kind denn lernen, wo seine Grenzen sind?« Die Mutter hat dann meistens irgendein Beispiel parat, wo der Vater nicht vorsichtig genug war, zum Beispiel vor acht Jahren auf dem Spielplatz, wo das Kind von der Rutsche gefallen ist und sich den Knöchel verstaucht hat, und wer hatte dann den ganzen Stress mit den Arztbesuchen? Sie natürlich, während er schön weiter zur Arbeit gegangen ist. Mütter vergessen nämlich grundsätzlich niemals auch nur die geringste Kleinigkeit. Sie haben ein Gedächtnis wie ein Elefant. Also, jedenfalls weiß euer Vater darauf keine treffende Antwort, sondern er hat ja immer noch ein schlechtes Gewissen, weil er damals nicht genug aufgepasst hat, und deshalb bleibt Mama bei ihrer Einstellung und wird auch weiterhin immer Angst um euch haben.

Frauen sorgen sich ständig um alles. Das gilt nicht nur für Mütter. Kinderlose Frauen sorgen sich genauso. Zum Beispiel fragt man sich ja oft, warum Frauen so viel in ihren Handtaschen mit sich herumschleppen. Die Antwort heißt: Weil sie immerzu Angst haben, dass irgendetwas Schlimmes passieren könnte. Es könnte ja beim Shoppen ein Absatz vom Schuh abbrechen, oder sie könnten Herpes kriegen oder in einen Platzregen geraten, oder sie könnten innerhalb von zehn Minuten von einer lebensgefährlichen Grippe heimgesucht werden, oder jemand könnte ihnen auf offener Straße den Lippenstift verschmieren, oder sie könnten eine Triefnase kriegen, und der Rotz würde ihnen unkontrolliert aus der Nase laufen. Gegen all das und noch viel mehr wollen Frauen unbedingt gewappnet sein und schleppen deshalb in ihrer Handtasche so viel mit sich herum. Ja, sie fürchten sogar, dass ihnen die Handtasche mit all ihren Schlüsseln geklaut wird! Und deshalb haben sie genau in derselben Handtasche noch einen Ersatzschlüssel. Und weil sie ihre PINs ständig vergessen, haben sie die natürlich aufgeschrieben und gleich neben die EC-Karte geklemmt, sodass der Handtaschendieb nicht lange danach suchen muss. Logisch ist das nicht. Aber es ist »typisch Frau«, und eure Mutter ist ja auch eine.

Man muss aber auch zugeben, dass Kinder sich manchmal total überschätzen. Mütter wissen das und haben auch deshalb ständig Angst, dass den »lieben Kleinen« etwas zustoßen könnte. Denn wenn was Schlimmes passiert, wer hat denn dann den Stress? Siehe oben. Eben!

24. Warum fragt ihr immer »Wie war es in der Schule«?

Weil Eltern sich dafür interessieren. So einfach ist das. Es ist doch erstaunlich, wie kindisch sich die meisten Kinder und Jugendlichen verhalten: Sie wollen unbedingt erwachsen sein und für voll genommen werden, aber sie sind nicht in der Lage, sich bei einer so lächerlichen, einfachen, klar verständlichen und höflichen Frage, wie denn der Vormittag verlaufen sei, wie Erwachsene zu verhalten. Stattdessen behandeln sie ihre Eltern wie Idioten, werfen ihnen ein schnippisches »Wie immer« hin und knallen die Kinderzimmertür von innen zu.

Hallo? Geht's noch? Hat hier jemand den Schuss nicht gehört? Kinder sollten sich lieber beschweren, wenn sie nach Hause kommen und es interessiert sich kein Schwein dafür, wie es in der Schule war!

Dies ist für die Erwachsenen ein Riesenproblem, und zwar gilt das für fast alle Familien deutschlandweit. Kinder kommen nämlich sehr oft mit einer gehörigen Portion Frust aus der Schule. Sie wollen weder danach gefragt werden noch darüber reden. Zumindest jetzt nicht. Vielleicht am Abend, oder erst nach Tagen. Aber nicht jetzt, mittags oder nachmittags (die Schule geht ja oftmals bis vier oder fünf): Jetzt wollen sie nur ihre Ruhe.

Was völlig verständlich ist! Aber wenigstens der Mutter ein paar Happen vorlegen, eine Art Kurzbericht im Schnelldurchgang nach dem Motto: »Mathe war scheiße, aber ich schaffe es schon, Deutsch war super, in Bio haben wir einen Test geschrieben, und im Übrigen lass uns bitte nachher weiterreden«: So viel, Entschuldigung, kann man von jedem Kind erwarten.

Es gibt übrigens einen ganz einfachen Trick, wie man nach der Schule den schwierigen Weg von der Haustür bis ins Kinderzimmer ohne Stress übersteht. Bevor man klingelt oder aufschließt, zieht man die Mundwinkel so weit nach links und rechts, wie es nur geht. Diese krasse Miene behält man bei, bis man im Kinderzimmer ist. Inzwischen hat man »Hallo« gerufen, ist etwas gefragt worden, hat kurz geantwortet (siehe oben), hat die Schuhe in die Ecke geknallt und das Kinderzimmer erreicht. Jetzt darf man die Mundwinkel wieder hängen lassen. Effekt: Erstens: Man hat *freundlich* geklungen. Zweitens: Es ist beinahe *unmöglich*, mit breitgezogenen Mundwinkeln andere Menschen zu verletzen. Drittens: Wer mit dem »Smiley«-Gesicht spricht, nimmt andere für sich ein und erreicht dadurch mehr.

Übrigens lernt jeder Telefonverkäufer in seinem ersten Seminar, dass er auf jeden Fall total dämlich grinsen muss, bevor er mit einem Kunden spricht. Deswegen sieht man in so vielen Büros auch ein Smiley-Symbol auf dem Telefon kleben. Unbedingt mal ausprobieren! It works.

25. Warum wollt ihr, dass wir ständig aufräumen?

Das Wort »ständig« ist vermutlich eine Übertreibung, und alle Jugendlichen benutzen ständig Übertreibungen. »Immer«, »ständig« und »nie« gehören zu euren Lieblingswörtern (achtet mal drauf). Einige klassische Beispiele: »Immer« bist du so gemein zu mir, »ständig« unterbrichst du mich, »nie« darf ich das. Ach so, fast vergessen, der Klassiker: »alle«. »Alle« dürfen immer »alles«, nur man selber darf »nie« irgendwas. Kriegt man die Wörter »immer«, »ständig«, »nie« und »alle« eigentlich in einen einzigen Satz hinein? »Immer kritisierst du mich, ständig redest du mir rein, nie hab ich meine Ruhe, und alle dürfen mehr als ich.« Na bitte, geht doch.

Eltern sehen es so, dass Kinder überhaupt nicht »ständig« aufräumen sollen. Man kann ihnen das auch glauben. Denn kein Erwachsener dürfte es toll finden, wenn Kinder ihre gesamte Freizeit »ständig« mit Aufräumen verbringen; die Kinder hätten dann ja eine ziemlich große Macke, einen Ordnungs- oder Reinlichkeitswahn, eine Psychose, also sie wären reif für den Psychiater. Nein, nun wirklich nicht »ständig«. Aber »manchmal« schon. Oder sogar »regelmäßig«. Oder »hin und wieder«. Oder »wenigstens einmal im Jahr«. Hier muss man fein unterscheiden, um die richtige Antwort zu finden und nicht ungerecht zu werden. Denn eigentlich haben beide recht: Eltern *und* Kinder.

Fangen wir mal mit den Kindern an. Es ist ganz klar, dass sie ihre eigenen Ansichten haben, wie das Zimmer auszusehen hat. Und sie meinen, dass die Erwachsenen zu ihren Tieren besser sind als zu ihren Kindern. Der Hund zum Beispiel darf sich eine Kuhle graben und legt sich mitten hinein. Dann erst ist er glücklich. Er leckt sich seinen juckenden Penis, und alle finden es niedlich. Die Katze hat vielleicht einen großen Haufen Heu, wenn sie auf dem Land leben darf, und sie wühlt sich so tief hinein, dass nur noch ihre Ohren herausgucken, und dann freut sie sich. Denn sie denkt: Ich sehe niemanden, und dann sieht mich auch niemand. Alles okay für die Erwachsenen. Das Kind häuft in seinem Zimmer olle Klamotten, Zeitschriften, allerlei Müll, Schulsachen, DVDs und noch viel mehr an, bis das Zimmer total voll ist, und fühlt sich mitten in diesem Chaos wohl. Das gibt Stress. Warum denn?

Es ist doch totaler Käse, dass aus diesem Kind später ein vollkommen chaotischer Erwachsener wird! Man könnte das Kind getrost in seinem Chaos leben lassen. Es schadet ihm nix. Und spätestens, wenn der Sohn die erste Freundin mit nach Hause schleppt oder umgekehrt die Tochter ihren ersten Freund, dann räumen Sohn und Tochter vorher alles auf, denn sie wollen ja nicht als Drecksau dastehen. Also, man könnte von den Eltern in diesem Punkt mit gutem Recht mehr Toleranz verlangen.

Jetzt kommen wir aber zu den Eltern, und da müssen auch die Kinder und Jugendlichen mal etwas dazulernen. Eltern möchten nämlich, dass es ihren Kindern stets so gut wie möglich geht. Und sie haben leider (wieso leider?) einige Erkenntnisse, die Kinder noch nicht haben können. Erstens wissen sie, dass kleine Kinder, wenn sie ihre Legos nach dem Spielen sortieren und einordnen, beim nächsten Spielen viel mehr Spaß am Lego haben. Weil sie nämlich auf Anhieb die richtigen Steine finden. Eltern wissen zweitens, dass größere Kinder, wenn sie hin und wieder ihr Zimmer zwangsweise aufgeräumt haben, viel lieber darin wohnen. Das Zimmer wirkt einfach größer, es riecht besser, fast wie frisch renoviert, man hat mehr Platz, kommt besser mit den Hausaufgaben zurecht, man hat einfach mehr Spaß, und vor allem: Man *findet wieder,* was man längst verloren glaubte. So betrachtet, haben Eltern sehr gute Argumente für ihren mehr oder weniger lautstark geäußerten Wunsch »RÄUM DEIN ZIMMER AUF«.

Nun wäre es schön, einen Kompromiss zu finden! Kompromiss heißt: Die Kinder dürfen weiterhin im Chaos leben, und die Eltern kriegen auch ihr Erfolgserlebnis. Der Kompromiss ist ganz einfach. 29 Tage darf das Kind im Chaos leben, und am 30. Tag wird konsequent aufgeräumt. Dann wieder 29 Tage Chaos ohne Stress (usw.). Die meisten Eltern sagen übrigens, dass sie so eine Regelung durchaus begrüßen würden. Nur machen die Kinder leider am 30. Tag überhaupt nix.

26. Warum wollt ihr mit uns Hausaufgaben machen?

Es gibt einen seltsamen Widerspruch zwischen dem, was die Lehrer verlangen, und dem, was die Eltern tun. Die Lehrer verlangen, dass die Kinder ihre Hausaufgaben von Anfang an alleine machen sollen. Nur dann, so ihr Argument, könne man in der Schule den wahren Leistungsstand des Kindes beurteilen. Das ist nicht zu kritisieren. Es ist logisch.

Nun gibt es aber in jeder Klasse Eltern – meistens sind es die Mütter –, die ihren Kindern eben doch bei den Hausaufgaben helfen, Referate mit vorbereiten oder wenigstens mit Argusaugen überprüfen, was die lieben Kleinen da als Hausaufgabe in die Schule zurückschleppen möchten. Diese Kinder haben naturgemäß einen Leistungsvorteil. Uns sind Fälle bekannt, wo ein Teenie ein geradezu perfektes Referat gehalten hat, mit Video-Präsentation und allem Drum und Dran und dafür eine glatte 1 bekam. Alle wussten, wer dafür gesorgt hatte. Die Mutter, wer sonst. In derselben Klasse und in derselben Woche und beim selben Lehrer und beim selben Thema wurde ein anderes Referat, das von einem Mädchen ganz allein vorbereitet worden war, mit einer schwachen 4 benotet.[*]

Alle Mütter ahnen, dass sie ihr Kind auf gefährliches Glatteis schicken, wenn sie am Ende vielleicht die einzigen Mütter sind, die sich aus den Hausaufgaben heraushalten. Da spielt der Gruppenzwang eine große Rolle. Man kann aus gutem Grund ein Gegner der Ganztagsschule sein; eine Ungerechtigkeit schafft sie ab: dass sich manche Mütter einfach in alles Schulische einmischen wollen. Denn an der Ganztagsschule werden die Haus-

---

[*] *Es ist immer sehr einfach, auf Lehrern herumzuhacken. In diesem Fall tun wir es aber gern, denn so was Dämliches darf an einem Gymnasium nicht passieren.*

aufgaben während der Schulzeit gemacht. Es gibt aber auch Mütter, die können einfach nicht loslassen. Sie fühlen sich für alles verantwortlich, weil sie darin ihren *Lebenszweck* sehen. Mütter mit Kontrollzwang. Frustriert in der Ehe, unglücklich wegen »Nur-Hausfrau«, gehen sie jetzt in der Mutterrolle total auf. Glucken-Mütter. Schreckliche Frauen. Beim Elternabend in der ersten Reihe, immer den Finger hoch und immer was zu meckern. Womöglich noch im Elternrat. Schrecken des Kollegiums. Eine Plage für die eigenen Kinder, die oft genug eines Tages gewaltsam ausbrechen aus dieser furchtbar-milden Despotie des weiblichen Mütter-Wahns.

27. Warum muss Mama unbedingt arbeiten gehen?

Es gibt viele Mütter, denen zu Hause die Decke auf den Kopf fallen würde. Die »müssen« also nicht arbeiten gehen, sondern sie »wollen« es. Fraglich ist allerdings, ob sie es ihren Kindern auch so erklären. Denn »Ich will arbeiten gehen« könnte das Kind ja missverstehen als »Ich gehe lieber arbeiten, als bei dir zu sein«. Da werden in vielen Familien vollkommen unnützerweise finanzielle Argumente vorgeschoben. Auch Mütter sind nicht immer ganz ehrlich! Als Kind sollte man sich also erst einmal fragen, ob die Arbeit der Mutter denn vielleicht tatsächlich Freude macht. Das kriegt man schnell heraus, wenn man sich dafür interessiert und sie auch einmal fragt, wie denn ihr Arbeitstag so verlaufen ist. Sie fragt ja schließlich auch ständig, wie es in der Schule war (siehe Frage 24).

Wie viel Prozent der berufstätigen Mütter arbeiten »müssen« und wie viele arbeiten »wollen«, kann man nicht so einfach beantworten. Denn das hängt vom Einkommen des Vaters ab. Je mehr der Vater verdient (vielleicht so ab 5000 Euro brutto aufwärts), desto höher ist die Wahrscheinlichkeit, dass die Mutter einfach Freude an ihrem Beruf hat. Bringt der Vater weniger nach Hause, steigt die Wahrscheinlichkeit, dass die Mutter tatsächlich arbeiten gehen »muss«. Meistens hat man sich etwas geleistet, was für einen alleine nicht zu bezahlen ist: ein Haus, ein großes Auto, angesagte Gegenstände wie zum Beispiel einen großen Flachbildfernseher oder eine Mietwohnung, die eigentlich zu groß ist für nur ein Gehalt. Auch ein zusätzlich in die Welt gesetztes Kind kann die ursprünglich einmal gemachte Finanzplanung ganz schön durcheinanderbringen, denn schließlich lautet die Faustregel: Für jedes Kind könnten sich die Eltern – alle Kosten zusammengerechnet, bis das Kind außer Haus ist und selbst Geld verdient – lässig ein Einfamilienhaus samt Grundstück leisten. Also zwei Kinder = zwei Häuser. Drei Kinder = drei Häuser usw.

In letzter Zeit häufen sich aber die Fälle, in denen die Eltern einfach zu blauäugig gewesen sind. Sie haben sich verschätzt. Der Vater hat gedacht, dass er sein ganzes Leben lang einen gefragten Job haben wird und so viele Überstunden machen kann, wie er will. Demgemäß hat er dann seine monatlichen Kosten kalkuliert, die er sich leisten kann. Stattdessen ist sein Job überhaupt nicht mehr gefragt. Die Produktion ist nach Osteuropa verlagert worden, oder die Produkte seiner Firma will keiner mehr haben, es gibt Kurzarbeit oder sogar – hoffentlich nur vorübergehend – die Arbeitslosigkeit. Besonders schlimm ist es seit der großen weltweiten Finanzkrise, die im Herbst 2008 begonnen hat und deren schlimme Folgen im Frühling 2009 auch die Firmen eurer Väter in große Probleme gebracht hat, und zwar ganz egal, was euer Vater von Beruf ist.

Niemand – weder unsere Regierung noch die in anderen Ländern und schon mal gar nicht Vater und Mutter – hätten sich vorstellen können, dass es so grausam schlimm kommt mit der Wirtschaft.

Vor allem Väter tun sich schwer damit, ihren Kindern zu sagen: »Wir haben eine Krise, und leider gibt es dies oder das erst einmal nicht mehr.« Es wäre dann Schluss mit Markenklamotten und dem ganzen Sch…, den Kinder nun einmal gerne haben. Und die Weihnachtsgeschenke dürften vielleicht nur noch halb so teuer sein wie die im letzten Jahr. Väter haben dann das Gefühl, dass sie irgendwie versagt haben könnten. Obwohl sie gar nichts dafür können. Und auch wegen solcher Gefühle muss in vielen Familien die Mutter jetzt mitarbeiten. Wenn sie das Glück hat, überhaupt noch einen Job zu kriegen.

28. Habt ihr ein Lieblingskind?

Das ist eine sehr traurige Frage, die sich aber trotzdem viele Kinder (vorwiegend im Teenie-Alter) stellen. Die Antwort heißt: Es ist sehr, sehr unwahrscheinlich. Fast alle Eltern haben alle ihre Kinder gleich lieb. Sie verhalten sich den Kindern gegenüber allerdings nicht immer gleich.

Und wie denn auch? Mit einem quengelnden Zweijährigen pusseln sie den ganzen Tag herum und machen »eideidei«, und den 14-Jährigen schreien sie an: »Mach die Musik nicht so laut!« Haben sie den Zweijährigen deshalb lieber als den 14-Jährigen? Nein. Nur ist es eben so: Der Zweijährige kann nichts dafür, dass er quengelt, er ist eben noch klein. Aber der 14-Jährige ist schon groß und muss deshalb leider damit leben, dass er die volle Breitseite abkriegt. Er könnte die Musik ja auch von alleine leiser stellen. Die Zeit, in der die Eltern mit ihm herumpusselten, die hat er ja auch mal erlebt! Nämlich als er selber zwei Jahre alt war.

Gerade ältere Geschwister fühlen sich sehr häufig benachteiligt und schlecht behandelt. Das ist objektiv betrachtet auch vollkommen richtig. Sie stehen nämlich schon mitten im Leben, sie wollen ja auch »erwachsen« sein – aber sie können dann nur schlecht damit umgehen, wenn sie wirklich wie Erwachsene behandelt werden. Also wie Leute, die für sich selbst sprechen können, die für ihr eigenes Tun verantwortlich sind und die auch die Konsequenzen tragen müssen, wenn sie Mist bauen.

Da wären viele Teenies dann doch lieber wieder ganz klein und behütet! Diesen Widerspruch, den einfach jedes heranwachsende Kind durchmachen muss, können Eltern gar nicht berücksichtigen. Was sollen sie auch tun? Die kleinen Geschwister brauchen nun mal ihre Zuwendung, und man kann sich nicht zerteilen. Deshalb heißt die Antwort, nun etwas ausführlicher: 1.) Die

Eltern haben alle Kinder gleich lieb. 2.) Sie können sich nicht um alle Kinder immer gleich viel kümmern. 3.) Die älteren Geschwister haben meistens die A...karte gezogen. 4.) Es kommt die Zeit, wo die kleineren Kinder auch größer sind, und dann haben die Eltern auch wieder für alle gleich viel Zuwendung übrig. 5.) Eltern sind auch nur Menschen, und in einigen wenigen traurigen Ausnahmefällen kann es durchaus sein, dass sie tatsächlich ein Lieblingskind haben. Aber das sind dann keine guten Eltern.

29. Warum behandelt ihr uns wie Babys?

Teenies sind heute viel weiter, als ihre Eltern das im selben Alter gewesen sind. 14-Jährige sind heute schon ziemlich erwachsen, während die Generation ihrer Eltern mit 14 Jahren noch vergleichsweise klein war. So ist es eigentlich kein Wunder, dass Eltern mit dem jeweiligen Entwicklungsstand ihrer Kinder nicht so richtig umgehen können. Aber das ist nur ein Grund von vielen.

Ein zweiter Grund ist beim Teenie selbst zu suchen. Teenies neigen nämlich dazu, sich selbst und ihre Fähigkeiten geringfügig zu überschätzen. Das wissen sie aber nicht. Die Eltern wissen es. Zum Beispiel sagt die 14-Jährige, dass sie sehr gut nach der Party alleine nach Hause finden kann, und das mag ja auch stimmen. Sie weiß auch selber, wann sie die Party verlassen muss, damit sie am nächsten Tag ausgeschlafen in der Schule sitzt. Nur vergisst die 14-Jährige leicht, dass auf den Straßen allerlei Gefahren lauern, und dafür hat man eben Eltern, dass die darauf achten.

Außerdem gibt es ganz unterschiedliche Vorstellungen davon, wie viel Schlaf ein Teenie überhaupt braucht. Acht Stunden? Neun? Oder zehn? Ein weiterer Grund ist, dass Eltern, vor allem aber Frauen (Mütter und kinderlose Frauen gleichermaßen) von Natur aus recht vorsichtig sind. Man wendet sich in solchen Konfliktsituationen deshalb am besten an die Väter und kriegt die herum. Väter sind nicht so vorsichtig wie Mütter. Sie freuen sich sogar, wenn sie auch mal etwas entscheiden dürfen, und deshalb sind sie großzügiger. Weil sie dann hoffen, dass sie nächstes Mal auch wieder gefragt werden.

30. Warum sollen wir euch immer alles erzählen?

Macht euch darüber keine Sorgen: Das hat absolut nichts mit dem Eltern-Kind-Verhältnis zu tun. Meistens sind es ja die Mütter, die darauf drängen, stimmt's?

Dazu muss man wissen: Es ist eine grundlegende weibliche Eigenschaft, immer alles wissen zu wollen. Und zwar von jedem, ob Kind, Ehemann oder bester Freundin. Weiße Flecken auf der Landkarte des Herzens sind für Frauen grundsätzlich etwas Bedrohliches. Das ist einerseits sympathisch, denn niemand interessiert sich so sehr für andere Menschen wie Frauen. Andererseits ist es etwas nervig, denn jeder möchte seine eigene Privatsphäre haben und vertraut sich durchaus nicht in allen Bereichen freiwillig der nächstbesten Frau an, nur weil sie die eigene Mutter ist.

Kinder haben also dasselbe Problem wie ihre Väter (die besten Freundinnen der Mutter haben kein Problem damit, weil sie ja selber Frauen sind). Väter retten sich sehr oft in dauerhaftes Schweigen, was zu ernsten Ehekrisen führen kann (man denke nur an den typisch weiblichen Satz: »Was denkst du gerade?« Er: »Nichts.«). Als Kind hat man es schwerer, weil man zwar mit der Kinderzimmertür schlagen kann, aber auch in den eigenen vier Wänden nicht unbedingt vor mütterlicher Neugier geschützt ist. Also, was tun?

Es ist falsch, sich gänzlich zu verschließen. Es ist viel besser, wenn man der Mutter ein paar leckere Futterbrocken hinwirft und sich freut, wenn sie diese schluckt. Irgendetwas Unverfängliches wird es doch zu erzählen geben! Die wahren Geheimnisse eines Teenies jedoch, die behält er für sich – und zwar genau so lange, bis er ein bisschen von Mamas Lebenserfahrung profitieren möchte, also sich einen guten Rat von ihr erhofft.

31. Liebt ihr euch eigentlich noch?

Das ist scheinbar eine sehr schwierige Frage, auf die es keine allgemeingültige Antwort geben kann, weil: Die einen ja, die anderen nein. Und doch gibt es für Kinder einen ganz einfachen Weg, die Antwort darauf zu finden. Ihr müsst nur ganz genau darauf achten, wie viel eure Eltern miteinander sprechen. Denn Menschen, die sich lieben, sprechen miteinander. Und wenn die Liebe stirbt, dann stirbt zuallererst das Gespräch.

In mehreren Abschnitten dieses Buches war bereits die Rede davon, dass Mütter immer so viel reden wollen. Sie fragen, wie es in der Schule war. Sie möchten alles, aber auch wirklich alles von ihren Kindern wissen.

Das ist manchmal problematisch, aber es ist ein Zeichen von Liebe. Wenn man mit Frauen nicht spricht, dann fühlen sie sich nämlich wie ein Möbelstück: Mit dem Geschirrspüler oder dem Kleiderschrank spricht man ja auch nicht. Sie denken manchmal: Trage ich eine Tarnkappe? Nimmt mich hier noch jemand wahr? Oder stößt sich gleich jemand die Birne an mir, weil er mich gar nicht mehr sieht?

Das muss man wissen (als Ehemann und als Kind), wenn man Frauen verstehen will. Aber es ist eben auch ein guter Check, um die Liebe zwischen Mama und Papa so einigermaßen einzuschätzen. Wirklich sehr viele Frauen sagen es selber so: »Als wir uns noch liebten, haben wir viel miteinander geredet. Als wir uns nicht mehr liebten, starb das Gespräch.«

Wenn Eltern nicht mehr miteinander reden, dann haben sie ganz sicher ein Problem. Die Frage ist nun, was man als Kind gegen dieses Problem tun kann. Einerseits möchte man sich ja nicht einmischen. Andererseits ist es aber so, dass eine mögliche Trennung der Eltern für die meisten Kinder das Schlimmste ist, was sie sich vorstellen können. Wenn es also eine Möglichkeit gäbe, den Eltern ihre Liebe zurückzugeben, dann würden wohl fast alle Kinder fast alles dafür tun.

Wahrscheinlich unterschätzen die meisten Kinder ab Teenie-Alter hier ihre eigenen Möglichkeiten. Sie können nämlich sehr wohl etwas dafür tun, dass ihre Eltern die Liebe neu entdecken oder wenigstens die verbliebenen Reste davon pflegen. So wie man ja auch eine beinahe verdorrte Zimmerpflanze ganz gut wieder aufpäppeln kann, wenn man ihr nur genug Wasser gibt. Die Kinder (ab Teenie-Alter) müssen etwas dazu beitragen, dass Vater und Mutter wieder miteinander sprechen.

Ha, rufen die Teenies jetzt beleidigt, wieso sollen wir die Ehe unserer Eltern neu beleben? Was geht uns das an? Falsch gedacht! Es geht euch sehr wohl etwas an, ob die »Alten« sich miteinander vertragen oder ob sie auseinandergehen. Denn über 90 Prozent aller Teenies wünschen sich, dass ihre Eltern eben nicht geschieden werden.

Sucht das Gespräch. Fordert Kommunikation. Schaltet den verdammten Fernseher aus. Setzt euch hin und fragt eure Eltern irgendwas. Lasst euch das Leben erklären oder die Politik. Verlangt die Auseinandersetzung mit euern Problemen. Kuschelt demonstrativ mit beiden. Macht auf Familie. Gebt etwas von euch preis. Packt eure Eltern dort, wo sie empfindlich sind: bei ihren Emotionen. Mischt euch ein. Stressfrei und harmlos. Nicht fragen: »Sag mal, Papa, liebst du Mama noch?«, sondern: »Sag mal, Papa, warum liebst du Mama eigentlich?«

Hier ein kleiner Ausflug in die große Gesprächspsychologie: »Liebst du Mama noch?« ist eine sogenannte »geschlossene« Frage, und die ist immer schlecht. Weil Papa mit »Ja« antworten kann und dann aus dem Schneider ist. »Warum liebst du Mama eigentlich?« ist eine »weiterführende« Frage, die nicht geschlossen ist. Jetzt muss er sich äußern. Vermeidet »geschlossene« Fragen und legt euch »weiterführende« zurecht! Das ist ganz einfach – wenn man es einmal begriffen hat.

»Sag mal, Papa, warum liebst du Mama eigentlich?«, das ist eine Frage, die Väter regelmäßig vor ein sehr, sehr großes Problem stellt. Die meisten Väter haben darüber nämlich schon sehr, sehr lange nicht mehr nachgedacht. Nun aber, wo die Frage vom eigenen Kind kommt, müssen sie sich dazu äußern. Sie werden es nicht so sehr geschickt tun, sondern sie werden ihre Schwierigkeiten mit der Antwort haben. Aber sie werden sich bemühen, eine kindgerechte Antwort zu finden. Und garantiert: Sobald ihr, die Kinder, im Bett seid, geht die Debatte erst richtig los. Denn Mama hat die Antwort gewiss nicht gefallen. Da streiten die beiden nun miteinander, und als Kind kann man lächelnd einschlafen: Die *reden* plötzlich mehr miteinander als in den letzten zwölf Monaten! Und das – hat man ganz alleine geschafft.

32. Ist Papa vielleicht nur für uns ein Held?

Wenn die Kinder klein sind, ist Papa immer ein Held. Er ist der Größte, der Stärkste und der Beste. Da gibt es gar keine Frage. Und wenn ein anderes Kind im Kindergarten sagt: »Dein Papa ist gar nicht der Beste«, dann kriegt es nach Möglichkeit Prügel.

Wenn die Kinder dann größer werden, können sie nicht mehr so eindeutig für ihren Papa schwärmen. Sie merken nämlich, dass er vielleicht nur ein kleiner Angestellter in einem verdammt großen Laden ist, und dass es noch mindestens 11 oder sogar 111 Leute in dem Laden gibt, die es weiter gebracht haben als er. Das ist zunächst einmal ein ziemlicher Schock für die Kinder. Unbewusst begehren sie auf. Es ist der Moment, in dem sie die uneingeschränkte Autorität des Vaters erstmals in Frage stellen. An seine Stelle tritt nun jemand anders, den sie für *Superman* halten, und das ist der Lehrer. »*Herr xxx hat aber gesagt ...*«, das mit weinerlicher und anklagender Stimme vorgetragen, ist ein echtes Totschlagargument.

Es gilt nun nicht mehr die Weisheit des Vaters, sondern die vermeintliche Allwissenheit der Pädagogen. Ja: Da bekommen sogar die unglaublichsten Behauptungen mit der Einleitung »*Herr xxx hat aber gesagt ...*« sozusagen den amtlichen Stempel aufgedrückt!

Natürlich hat er das nicht so gesagt, bzw. so kann er es gar nicht gesagt und gemeint haben, aber erst einmal steht das im Raum, und man kann ja nicht wegen jeder Minimal-Auseinandersetzung mit dem eigenen Kind gleich den Lehrer zu Hause anrufen. Der guckt vielleicht gerade *Tatort*, und da klingelt schon wieder das Telefon, und ein Vater ist dran und fragt: »Haben Sie meinem Kind wirklich gesagt, dass die Russen als Erste auf dem Mond gelandet sind?« Geht doch nicht.

Was will man nun sagen? »Wenn Herr xxx das wirklich so gesagt hat, dann hat er keine Ahnung« würde die Autorität des Lehrers schwer beschädigen, also, das will man ja nun nicht. Andererseits kann man doch auch nicht so im Raum stehen lassen, dass die Erde eine Scheibe ist und kein Sechsjähriger vor Mitternacht schlafen gehen sollte. Und das mit den Russen und dem Mond sowieso nicht.*

Wenn die Kinder dann noch größer werden, schmilzt das Heldenbild des eigenen Vaters weiter wie ein Schneemann in der Frühlingssonne, denn nun gewinnt das heranwachsende Kind Einblicke in die vermeintlichen Qualitäten anderer Väter und findet diese Väter allesamt viel gelungener als den eigenen. Der eine hat ein größeres Auto, der andere ist viel toleranter und verbietet nicht so viel, der dritte hat echt einen geilen Job, und der vierte »weiß einfach alles«. Man kommt als Vater wirklich nur schwer an gegen Luxusauto und vermeintliche Toleranz, gegen hochdotierte Jobs für relativ wenig Stress und gegen das Allwissen von Männern, die vielleicht nur schneller googeln können als man selber und außerdem schlichtweg einfach so tun, als wenn sie alles wüssten.

Aber die Frage Nr. 32 wurde ja von Kindern bzw. Jugendlichen gestellt. Ihr müsst nun erst einmal für euch klären, was ein »Held« eigentlich ist. Der reichste Vater? Sicher nicht. Der gebildetste? Auch nicht. Der mutigste? Schon eher. Aber eine glatte 1 gibt es für diese Antwort: »Derjenige Vater ist ein wahrer Held, der einfach der allerbeste Vater ist.« Und das – ist doch hoffentlich euer eigener. Ganz egal, wie viel er verdient und was er alles weiß bzw. nicht weiß.

---

* *Es waren die Amerikaner am 20.7.1969. Vielleicht kommt ja Wikipedia gegen die Lehrer Ihres Kindes an: http://de.wikipedia.org/wiki/Apollo-Programm – das ist jedoch höchst unwahrscheinlich. »Herr xxx hat aber gesagt ...«*

33. Warum dürfen wir viel weniger als alle anderen in unserer Klasse?

Genau das fragen sich alle anderen in deiner Klasse auch. Es geht ihnen nämlich so wie dir. Vielleicht nicht genau beim selben Thema. Der eine fühlt sich hier benachteiligt, der andere wird dort wie ein Kind behandelt. Aber unterm Strich, summa summarum, darf jedes Kind viel weniger als alle anderen Kinder. Zumindest fühlt sich das so an.

Erst einmal ist zu fragen, ob das, was die anderen erzählen, unbedingt so stimmt. Sie müssten es also eigentlich in Gegenwart ihrer Eltern wiederholen, und die müssten dazu nicken. Also: Ist die Quelle gut gecheckt? Ist sie glaubhaft? Übertreibt sie nicht auch sonst mal ganz gern?

Zweitens sind die Lebensumstände zu berücksichtigen. Es gibt zum Beispiel Kinder und Jugendliche, die leben mit ihrer alleinerziehenden Mutter zusammen, und die ist auch noch berufstätig. Da ist es natürlich klar, dass es größere Freiheiten für das Kind gibt. Es ist viel alleine, muss vielleicht den Haushalt schmeißen, hat keinen »schützenden Regenschirm« der Eltern über sich und wird zwangsweise früher erwachsen. Dieses Kind ist aber auch nicht so behütet und hat vielleicht niemanden, der es tagsüber mal in den Arm nimmt. Abends ist die Mutter kaputt und auch nicht unbedingt in der allerbesten Laune. Möchte man da wirklich tauschen für etwas mehr Freiheit, die vielleicht gar nicht so lustig ist? Sollte man dieses Kind beneiden, oder wird man heimlich von ihm beneidet? Eine wichtige Frage, die man nicht vernachlässigen sollte.

Drittens sind Kinder und Jugendliche, die besonders viel dürfen, nicht unbedingt am besten dran. Es fehlt ihnen nämlich die Freude, wenn sie dann doch mal was dürfen. Stell dir mal den Sohn von einem Schokokuss-Hersteller vor. Bei dem stehen überall zu Hause große Schalen herum, und in allen Schalen sind Schokoküsse drin. Von morgens bis abends kann er so viele Schokoküsse essen, wie er will. Und nun hat dieser Junge Geburtstag, und du schenkst ihm eine Packung Schokoküsse? Er wird sich wahrscheinlich nicht so sehr darüber freuen. Mit der Freiheit ist es wie mit den Schokoküssen: So richtig genießt man sie erst, wenn man sie nur eingeschränkt bekommt.

Aber natürlich darf man nicht vergessen, dass manche Eltern tatsächlich nicht viel schnallen. Sie verbieten ihren Kinder alles und kümmern sich nicht darum, was gerade der Trend ist. Man kann zum Beispiel von einer 14-Jährigen nicht verlangen, dass sie um acht zu Hause zu sein hat. Das ist nur noch peinlich. Deshalb muss man den Eltern dringend raten: Nehmt eure eigenen Wertvorstellungen nicht als Maßstab. Ihr seid möglicherweise im Kopf viel älter, als ihr euch fühlt. Hört euch um, was andere Kinder dürfen, und erlaubt euern eigenen genau so viel, dass sie mindestens auf 80 Prozent vom Schnitt kommen. Denn für Kinder und Jugendliche ist es extrem wichtig, dass sie nicht schlechter behandelt und stärker eingeengt werden als die anderen in ihrer Clique: Sie wollen nur mitschwimmen dürfen im Mainstream. Nicht mehr und nicht weniger. Und das ist ihr gutes Recht.

4. Kapitel

WAS VÄTER GERNE WISSEN MÖCHTEN

34. Warum ist meine Frau nicht mehr so, wie sie mal war?

Sie müssen die Frage verzeihen, auch wenn sie kränkt: Die Fragen in diesem Buch haben nicht wir uns ausgesucht. Sondern wir haben speziell für dieses Kapitel die *Männer* gefragt, was sie gern einmal wissen möchten. Und es ist tatsächlich wahr (das wird Sie vielleicht erstaunen), dass sich sehr viele Männer nach einigen Jahren Ehe verwundert die Augen reiben und bedächtig die Frage stellen, wieso sich ihre einstige Traumfrau so sehr zum Negativen verändert hat. Was mag nur mit ihr passiert sein?

Wäre die Frau ein Auto, würde manch ein Mann es nach einigen Jahren gern zurückgeben wollen: »Läuft nicht mehr rund«, »Allgemeinzustand unzureichend«, »Aussetzer«, »viele Macken«. Alltag frisst Liebe, so wie ein Auto rostet, wenn man es zum Beispiel dem steten salzigen Westwind der Nordsee aussetzt. Sie können das Buch jetzt in die Ecke schmeißen und nie mehr anfassen; das ist dem Autor egal, denn er sagt hier ja nur das, was ihm die Männer erzählt haben: Die hätten gern die Frau von früher zurück. Das ist verständlich, irgendwie.

Natürlich gibt es auch Gegenbeispiele! Wunderbar funktionierende Ehen, in denen man sich von Jahr zu Jahr immer näher kommt und von denen man früher gar nicht wusste, dass es sie so glücklich und erfüllt überhaupt geben kann. Nicht alle Eheleute, das sei hier auch einmal den Teenies gesagt, finden sich schon nach einigen Jahren gegenseitig ätzend. Also, es kann sehr gut sein, dass sich eure Eltern immer noch wirklich sehr, sehr lieben.

Das könnt ihr daran feststellen, ob sie immer noch sehr viel miteinander reden (siehe Kapitel 3), ob sie sich gern gegenseitig anfassen und ob sie sich nach einem Streit ziemlich schnell wieder vertragen. Aber es gibt eben auch andere Familien. Und in denen fragt sich der Vater sehr oft, warum sich seine Frau so sehr verändert hat.

Es ist oftmals der Alltag, der die Liebe killt. So sieht es der Mann: Was die Frau anfangs total super fand an ihm, das stört sie jetzt. Was sie anfangs verziehen hat, das bringt sie neuerdings auf die Palme. Was sie anfangs tolerierte aus blinder Verliebtheit, das treibt ihre Stimme jetzt immer öfter plötzlich und unerwartet in hysterischen Sopran. Aber liegt das denn nur an der Frau?

Sicher nicht. Aber es bringt uns nicht weiter, wenn wir ständig die allseits bekannten und ausreichend erörterten Nachlässigkeiten und Schwächen des *Mannes* als Hauptgrund für das Scheitern so vieler Ehen anführen. Wir müssen auch einmal ganz klar sagen: Frauen verändern sich in den ersten Ehejahren oftmals derart massiv, dass man fast schon vom Verlassen der Vertragsgrundlagen sprechen kann.

Hier eine willkürlich zusammengemixte Zitatensammlung. Das sagen Männer: »Die Figur geht aus dem Leim.« »Die Tränensäcke werden größer.« »Die Körperpflege leidet unter dem Alltagsstress.« »Das Interesse an allgemein wichtigen Themen versackt im Sumpf der Kinderbetreuung.« »Früher war sie scharfsinnig, jetzt macht sie in die Windeln.« »Sie hat ja auch gar keine Zeit mehr, sich regelmäßig die Beine zu rasieren.« »Heute hat sie mit fettigen Haaren am Frühstückstisch gesessen. Wie wird sie hier wohl in fünf Jahren sitzen?« »Waren wir nicht einmal frei und unabhängig?« »Warum hält sie mir vor, dass der Nachbar ein größeres Auto fährt als ich?« »Und was soll ich dagegen tun, dass des Nachbarn Obstbaum-Äste über unseren Zaun ragen und wir seine braunen Blätter wegfegen müssen?« »Die Kinder sind scheiße in der Schule, und ich soll das abends regeln? Warum?« »Die Frau ist zickig geworden! Was kann ich machen als Mann? Wie krieg ich sie da wieder raus?« »Und wie kriege ich wieder die Frau, die ich mal unbedingt wollte?«

Mit der Familie ist es so wie mit der großen weiten Welt. Man kann nicht alles gleichzeitig haben. Global betrachtet, schützt man entweder das Klima. Dann muss man auf vieles verzichten. Oder man genießt den Wohlstand. Dann schädigt man das Klima. Beides zusammen geht nicht. Ehetechnisch betrachtet: Entweder man hat eine Familie. Dann muss man auch damit leben, dass die eigene Partnerin sich verändert. Oder man tauscht die Partnerin aus, wenn sie nicht mehr so wie früher ist. Aber dann muss man auf die Familie verzichten. Alles gleichzeitig wollen wird schwierig. Manche Männer lernen das sehr früh. Andere lernen es nie. Viele Männer geben sich aber auch allzu schnell ihrem Schicksal hin, und sie versuchen gar nicht mehr, ihre Ehe wieder »so wie früher« zu führen. Sie jammern nur herum, wenn sie irgendwo alleine unter anderen Männer sind – und die Frauen wissen vielleicht gar nicht, wie sehr ihnen die Ehe schon stinkt.

35. Warum soll ich immerzu mit meiner Frau reden?

Der Mann kommt müde nach Hause und hat keine Lust zum Reden. Das kann man als Mann gut verstehen, aber als Frau nicht. Es ist nämlich egal, ob die Frau den ganzen Tag zu Hause alleine mit den Kindern war oder ob sie ebenfalls berufstätig ist: Auf jeden Fall verspürt sie das dringende Bedürfnis, sich nun mitzuteilen und etwas von ihrem Mann zu hören. Sie brennt geradezu darauf. Und sie kann das Schweigen des Mannes überhaupt nicht verstehen, ja: Sie wittert sogar eine Krise als Ursache für seine Schweigsamkeit! Das aber ist ein Missverständnis, denn er hat gar kein Problem. Nur hat er eben keine Lust, sich mitzuteilen.

Wenn man eine ehrliche Hitliste der wahren Scheidungsgründe aufstellen würde, dann wäre das Schweigen der Männer auf einem der ersten zehn Plätze. Aber so weit sind wir ja zum Glück noch lange nicht, außerdem ist dies ja ein Familien- und kein Scheidungsbuch. Die Frage heißt: *Warum* möchten unsere Frauen immer reden? Dazu haben wir über 111 Frauen befragt, und hier sind die 11 häufigsten Antworten.

»Man will doch alles über den Mann wissen, den man liebt. Dann muss er doch auch mal reden.« »Wie soll ich an seinem Leben teilhaben, wenn er nicht mit mir spricht?« »Ich beschäftige mich den ganzen Tag über gedanklich mit ihm, und abends bringe ich tausend Fragen mit. Er aber – schweigt.« »Ein schweigender Mann ist wie eine Landkarte mit weißen Flecken, und wir Frauen mögen das nicht.« »Wenn man jemanden liebt, will man auch mit ihm reden.« »Man hat das Gefühl: Er hat was. Und das macht einen ganz verrückt.« »Warum spricht er nicht, das hat doch einen Grund …?« »Ja, er verschweigt etwas.« »Er interessiert sich nicht für mich und meinen Tag. Darum schweigt er.« »Man müsste doch gar nicht heiraten, wenn doch nicht geredet wird.« »Liebe ist Austausch, Kommunikation, etwas gemeinsam haben. Schweigen aber ist eine Mauer, die vom Mann aufgebaut wird.«

Bereits aus diesen elf weiblichen Meinungsäußerungen kann man unschwer erkennen, dass Frauen ein viel größeres Kommunikationsbedürfnis als Männer haben. Kluge Männer – und gute Liebhaber – springen deshalb über ihren Schatten und überwinden ihr typisch männliches Schweigen. Sie *reden* mit ihren Frauen, auch wenn sie dazu überhaupt keine Lust haben. Das zahlt sich aus – spätestens im Bett, denn glücklich vor sich hin kommunizierende Frauen haben eindeutig mehr Lust auf Sex. Es sei denn, sie kommunizieren zu lange. Dann schläft der Mann nämlich vorher ein.

36. Warum lässt man mich nicht einfach mal in Ruhe?

Wenn eine gute Fee kommt und die Männer fragt: Was wünscht ihr euch?, dann würden die meisten sagen: »Endlich einmal meine Ruhe.« Nun ist es ja nicht so, dass der Mann etwas gegen Familie hat, gegen seine Frau, die Kinder oder sogar gegen alle. Sondern: Männer haben stets das Gefühl, dass alle an ihnen herumzerren. Tagsüber in der Firma zerrt der Chef an ihnen herum. Kommen sie dann abends nach Hause, sollen sie sich mit ihrer Frau unterhalten. Die ist vielleicht auch berufstätig und möchte jetzt dringend mitteilen, was sie den Tag über alles so erlebt hat. Danach verlangen die Kinder ihr Recht. Die wollen, dass der Vater mit ihnen spielt, oder er muss noch einmal auf die Hausaufgaben gucken, und wenn er gar nichts mit ihnen macht abends, dann hat er ein schlechtes Gewissen: Weil er nämlich nichts mit ihnen gemacht hat. So besteht das Leben eines Mannes eigentlich nur aus lauter Herumgezerre. Und deshalb wünschen sich Männer nichts so sehr, wie endlich einmal ihre Ruhe zu haben.

Damit allerdings liegt der Mann total daneben. Erstens vergisst er, dass seine Frau eigentlich auch niemals »ihre Ruhe« hat. Zweitens übersieht er, dass seine Kinder ebenfalls gern »ihre Ruhe« hätten. In der Familie könnte also alles viel entspannter sein, wenn sich alle gegenseitig ihre Ruhe lassen würden. Was aber nicht bedeutet, dass man sich gegenseitig »in Ruhe lässt«! Dann würde ja keiner mehr mit dem anderen reden, und alle wären für sich, also es würde kein Familienleben mehr stattfinden. Nein: Das wäre auch keine gute Lösung.

Es muss jeder an jedem Tag »ein bisschen« in Ruhe gelassen werden. Das ist eine Lösung, die meistens sehr gut funktioniert. Ehemänner bzw. Väter müssen genauso wie Ehefrauen bzw. Mütter und genauso wie Kinder erst einmal ausspannen und durchatmen können, bevor sie sich ins »Abenteuer Familie« stürzen. Der Vater, wenn er nach Hause kommt, will *erst einmal* in Ruhe gelassen werden. Die Kinder, wenn sie nach Hause kommen, müssen auf jeden Fall auch *erst einmal* in Ruhe gelassen werden. Die Mutter, wenn sie nach Hause kommt, kann leider nicht in Ruhe gelassen werden (es sei denn, sie sorgt selbst dafür, aber das bleibt meistens ein frommer Wunsch). Ist das so schwer? Nein, es ist nicht schwer. Alle kümmern sich *erst einmal* um sich. Nur die Mutter kümmert sich *erst einmal* um alle.

37. Warum akzeptiert niemand, wie schwer mein Job ist?

Die meisten Ehemänner und Väter haben wirklich ein Problem: Niemand in der Familie nimmt zur Kenntnis, dass sie einen verdammt harten Job machen. Dass es ihren berufstätigen oder im Haushalt beschäftigten Frauen nicht anders geht, und auch dass es heutzutage für einen 17-Jährigen kein Zuckerschlecken ist, wenn er plötzlich in 12 Schuljahren mitkriegen soll, was früher in 13 Jahren vermittelt wurde, das verdrängen sie. Männer sind ohnehin etwas wehleidig und selbstmitleidig. Sie möchten gern Anerkennung bekommen für das, was sie den ganzen Tag über tun. Und, mal ehrlich: Diese Anerkennung haben sie auch wirklich verdient. Aber sie kriegen diese Anerkennung nicht.

Es ist für Männer zum Beispiel sehr schwer, abends blitzartig von Beruf auf Familie umzuschalten. Das müsste ja wie mit einem Schalter funktionieren, den man einfach nur umlegt. Frauen können das besser. Vielleicht haben sie vor fünf Minuten noch bittere Tränen im Badezimmer geweint, weil ihre Ehe kriselt. Aber wenn das Kind Hilfe bei den Hausaufgaben braucht, sind die Tränen weggewischt und – zack – lächelt die Frau wieder.

Diese Disziplin haben die meisten Männer nicht. Sie kommen abends nach Hause, hätten vor lauter Grübeln und Zorn unterwegs noch fast einen Unfall gebaut und tragen ihre ganze berufliche Belastung wie Hundedreck unter der Sohle in die Wohnung hinein. Sie sind in der ersten Stunde mimosenhaft-sensibel, leicht gereizt, nicht gut gelaunt und mit dem Ansturm der Familie schlichtweg überfordert. Es klingt ja immer blöd, wenn man sagt: Früher hat es besser funktioniert. Aber Tatsache ist, dass unsere eigenen Mütter diesbezüglich etwas klüger waren, als es viele Frauen heute sind. Früher hieß es nämlich: »Lasst Papa in Ruhe, der muss sich erst einmal erholen!« Heute heißt es: »Kannst du die Kinder übernehmen? Ich muss sofort zur Fitness.«

Wer nun erwidern möchte: Ja, aber das Vaterbild hat sich doch total gewandelt! Heute sind Väter ebenso für die Kinder verantwortlich wie die Frauen, und das waren sie früher nicht!, der muss auch erklären, wie Väter mit der neuen Doppelbelastung eigentlich zurechtkommen sollen. Denn es sind gar keine »neuen« Väter. Die »neuen« Väter sind eine Erfindung der Medien. Der Begriff ist prägnant und gibt hübsche Überschriften her. So was liest man gern in »Petra« oder »Brigitte«. Mit der Realität hat es nichts zu tun. Im Grunde sind es nämlich noch dieselben Typen wie früher. Weil man die Vaterrolle nicht mal eben so ganz neu erfinden kann. Die sogenannten »neuen« Väter sind zuallererst Männer – und zwar von derselben Art, wie es ihre Väter waren.

38. Muss ich mein ganzes Leben im Hamsterrad laufen?

Die meisten Väter fühlen sich überfordert, weil sie mit der Doppelbelastung Beruf und Familie nicht zurechtkommen. In der Firma sollen sie nach wie vor ihr Bestes geben, allerdings sind in den letzten Jahren erhebliche Mehr-Anforderungen durch ihre Frauen hinzugekommen. Die »neuen Väter« sollen sich ebenso um die Familie kümmern, wie es bisher die Frauen gemacht haben. Dem kann sich kein Mann verweigern, weil er sonst als hoffnungslos gestrig dastehen würde. Also versucht der Mann, sich zu teilen. In der Firma gibt er mehr Gas als bisher, damit er umso mehr Zeit für seine Familie erübrigen kann. Das ist zwar nicht leicht, aber er macht es eben so. Weil er daran gewöhnt ist, immer das zu tun, was jemand von ihm verlangt.

Soeben hat er gemeint, dass er den richtigen Kompromiss gefunden hat, da kommt die Finanzkrise. Ab sofort verlangt der Job wieder seine ungeteilte Aufmerksamkeit. Auch in seiner Branche muss binnen eines Jahres mindestens jeder fünfte Arbeitnehmer gehen. Er möchte nicht dabei sein. Also muss er sich jetzt wieder voll auf den Beruf konzentrieren. Das kann er aber nicht, weil er ja zu den »neuen Vätern« gehört, die sich ebenso wie ihre Frauen um die Kinder kümmern sollen. Jetzt sitzt er in der Falle. Das Hamsterrad dreht sich schneller und schneller, und er kommt nicht mehr raus. Hilfe …! Geht das nun sein ganzes Leben so weiter?

Leider ja. Solange der Mann nicht imstande ist, ganz laut »Stopp« zu rufen und das Hamsterrad anzuhalten, wird er weiterhin drin laufen müssen. Es gibt viel zu wenige Ehepaare, die sich über die Frage unterhalten: »Wie können wir eigentlich vermeiden, dass sich einer von uns überfordert fühlt mit den ganzen

Ansprüchen, die der andere an ihn hat?« Wenn es einen Ehe-Führerschein gäbe, müsste diese Frage dringend in der theoretischen Prüfung beantwortet werden. Aber es gibt nun mal keinen Ehe-Führerschein. Wir wollen ja schließlich nicht, dass sich der Staat auch noch in unsere Beziehungen einmischt! Andererseits: Wie ist die Situation im Moment?

Viele Ex-Ehepaare klagen nach der Trennung: Wir beide wollten alles geben und immer nur Vollgas. Wir sind beide gescheitert – jeder für sich, und als Ehegemeinschaft, als Familie sowieso. »Wir waren wie zwei Batterien, die jeden Tag voll beansprucht wurden«, sagt eine Frau, »abends hat dann jede von der anderen erwartet, dass sie fürs Aufladen sorgt. Da war aber kein Strom mehr zum Aufladen, in beiden nicht. Bei uns haben sich abends zwei leere Batterien angeschwiegen. Aber morgens mussten wir wieder voll da sein.«

Entspannung ist nicht in Sicht, solange unsere sogenannte »Meinungsführerschaft«, also die Intelligenteren im Lande, die Kommunikatoren, die Kommentatoren, die Journalisten und natürlich auch die Politiker, Beifall bekommen, wenn sie immer nur die Frauen entlasten möchten. Leider vergessen sie dabei die Männer.

39. Warum geben die alle mein Geld so leicht aus?

Weil es eben nicht das »Geld der Väter« ist, sondern das Geld von allen. Es ist sehr erstaunlich, dass viele Väter immer noch von »meinem Geld« sprechen. Das klingt ja so reaktionär wie »Solange du deine Füße unter meinen Tisch streckst ...«, und es ist auch so gestrig wie dieser Spruch, der ja inzwischen zum Glück fast nur noch scherzhaft gebraucht wird.

Erlaubt ist allerdings die Frage, warum der Rest der Familie bisweilen so leichtfertig mit dem Familieneinkommen umgeht. Bei den Kindern herrscht der Markenwahn. Eine billige Jeans tragen zu sollen kommt einer persönlichen Beleidigung gleich. Turnschuhe sind nicht gleich Turnschuhe. Lieber laufen sie noch bei Matsch und Regen mit ihrem einzigen Paar Turnschuhe herum, das den Ansprüchen ihrer Clique genügt, als zwei Paar Schuhe zu tragen, nämlich eines bei schlechtem und eines bei gutem Wetter. Was für Jeans und Turnschuhe gilt, geht bei Shirts und Pullis weiter. Nur das Teuerste, so stellen die Väter fest, ist für ihre Kinder gut genug. Auch wenn das Geld wirklich nicht mehr so locker sitzt.

Es liegt daran, dass die Akzeptanz durch ihre Clique für Kinder viel wichtiger ist, als den Eltern bewusst ist. Man kann getrost davon ausgehen, dass es einem sozialen Absturz, ja sogar dem Ausschluss aus jeder Gemeinschaft gleichkommt, wenn man klamottentechnisch nicht mithalten kann.

Das ist ganz, ganz traurig. Es ist aber zunächst einmal Fakt. Was hilft? Je mehr die Jugendlichen in die Finanzsituation der Eltern eingebunden werden, je mehr sie also darüber wissen, desto unabhängiger werden sie vom Markenklamottenwahn sein. Und je mehr Verantwortung sie beim Klamottenkaufen selbst übernehmen dürfen, desto behutsamer werden sie mit dem Geld der Familie umgehen. Es empfiehlt sich also durchaus, Jugendlichen die Summe X in die Hand zu geben und sie alleine zum Einkaufen zu schicken. Entweder eine teure Jeans oder eine billige plus ein Paar neue Turnschuhe? Hm.

Aber es sind ja nicht nur die Kinder, deren Ausgabenfreudigkeit den Vater wurmt. Wenn die Frau shoppen geht, dreht sie ja auch manchmal total durch. Der Vater denkt: Sie wollte sich heute eine Hose kaufen und kommt zurück mit drei Hosen, vier Blusen, zwei Paar Schuhen und einer Handtasche. Wenn das jeder von uns so macht wie sie, kann ich morgen Privatinsolvenz anmelden. Ist ihr das denn ganz egal?

Erstens kann es sein, dass sie für all das, was sie gerade anschleppt, nicht mehr ausgegeben hat, als von Anfang an für die eine Hose eingeplant war. Zweitens ist denkbar, dass sie bereits vorher Geld gebunkert hatte, also gar nicht mehr als geplant vom Etat runtergeht. Drittens besteht die Möglichkeit, dass es ein Frustkauf gewesen ist: Sie ist unglücklich, musste sich dringend trösten und fühlt sich jetzt besser (sehr häufig der Fall!). Viertens sollten Sie mal in ihre Augen schauen. Strahlen die gerade besonders glücklich? Und ist Ihnen dieses Strahlen wirklich nicht das bisschen Geld wert? Fünftens sollten Sie jetzt keinesfalls fragen, was sie ausgegeben hat. Das Strahlen wird sofort erlöschen, und Sie hätten sehr, sehr schlechte Karten. Es wäre die falsche Frage.

40. Was darf ich mir als Familienvater eigentlich selber gönnen?

Eine neue Bohrmaschine für den Bastelkeller oder eine neue Markenjeans für das Kind? Beides ist diesen Monat nicht drin. Entweder man wird dieses Jahr Schützenkönig, oder das Kind kann ein halbes Jahr nach Amerika: Beides zusammen geht nicht. Fahren wir jedes Jahr nach Mallorca, so wie Frau und Kinder sich das wünschen? Dann wird es nie etwas mit dem Wohnmobil, das man neulich auf der Campingmesse gesehen hat.

Männer schuften gern für ihre Familie. Sie haben auch schon früh begriffen, dass ihr Geldsack eine Menge Löcher hat und dass er sich schwerer füllen lässt, als er geleert wird. Aber wenn sie jetzt auch einmal hineingreifen und sich selber etwas gönnen möchten, dann haben sie ein Problem: Das Geld wird an anderer Stelle fehlen.

Für Frauen, die entweder mitarbeiten oder Alleinverdiener sind oder das Haushaltsgeld verwalten, gilt das natürlich genauso. Aber Frauen haben nicht so schnell ein schlechtes Gewissen wie Männer, wenn sie sich selber etwas gönnen. Sie sind da irgendwie pragmatischer. Wenn eine Frau einen neuen Pulli braucht, weil sie keine vernünftigen Pullis mehr im Schrank hat, dann ist dieser neue Pulli eine haushaltsnotwendige Anschaffung. Es muss ja nicht der teuerste sein. Aber der Pulli ist für sie keineswegs ein Spielzeug, das sie sich »gönnt«.

Beim Mann ist das anders. Seine Pullis oder Jacken sind ihm herzlich egal. Er möchte »sich selber« etwas gönnen, und das heißt: Er möchte ein neues Spielzeug. Meistens handelt es sich um etwas, das man nicht unbedingt braucht. Und deshalb verzichtet der Mann letztendlich darauf, das heißt: Er verschiebt die Anschaffung auf irgendwann.

»Irgendwann« ist aber eine recht vage Zeitangabe, und deshalb schieben die meisten Familienväter einen ganzen Berg von unerfüllten Wünschen vor sich her, den sie niemals abbauen können, sondern der immer größer wird. »Irgendwann« steht immer noch im Raum.

Wann ist denn »irgendwann«? Nächsten Monat? Nächstes Jahr? Man weiß es nicht. Vielleicht ist »irgendwann«, wenn die Kinder aus dem Haus sind? Später ist dann »irgendwann«, wenn die Väter auf Rente sein werden. Sind sie dann aber auf Rente, fehlt ihnen das Geld, auch macht die Gesundheit nicht mehr so richtig mit, und viele sterben sowieso recht früh. »Er hatte noch so viel vor«, sagt der Pastor in seiner Rede.

Ja, stimmt: Alles Pläne, die wegen der Familie aufgeschoben wurden. Bis »irgendwann«. Das war vielleicht ein Fehler, aber es war auch notwendig, und vor allem: Es lässt sich gar nicht vermeiden. Denn Vätern wird von allen Seiten ständig ein schlechtes Gewissen eingeredet, das sie eigentlich gar nicht haben müssten. Jungs, gönnt euch was zu Lebzeiten. Sagt auch mal den Kindern: Du kriegst diese Turnschuhe nicht, weil ich mir diesen Monat was für mein Hobby kaufe. Aus, Ende. Egoistisch? Ja! Wunderbar egoistisch! Nur traut sich das der Mann meistens nicht. Weil Kommunikatoren und Kommentatoren ihn zum Weichei gemacht haben.

41. Warum habe ich ständig ein schlechtes Gewissen?

In der vorigen Antwort war schon die Rede davon, dass Männer sich nur schwer etwas für sich selbst gönnen können. Weil sie wissen, dass sie den anderen in der Familie dadurch etwas wegnehmen. Natürlich gilt das nicht für alle Familienväter. Es gibt mehr als genug, die ihr Geld lieber in der Kneipe versaufen, als es für ihre Kinder auszugeben. Aber nehmen wir mal den Familienvater im gepflegten Reihenhaus nebenan: Der hat ein Problem damit, einfach mal loszuziehen und sich etwas Nettes zu gönnen. Von drei Seiten wird ihm nämlich eingeredet, dass er seinen Job als Familienvater nicht besonders gut macht. Und zwar erstens von seiner Frau, zweitens von seinen Kindern und drittens von den Medien.

Viel mehr Frauen, als man denken möchte, verbreiten zu Hause die Atmosphäre einer nur schwer definierbaren, unklaren, diffusen Unzufriedenheit. Bestimmt haben auch Sie so eine Nachbarsfamilie, wo Sie manchmal denken: Der arme Mann! Seiner Frau kann man es ja gar nicht recht machen! Ständig ist sie lautstark am Meckern, und wenn nicht – dann meckert sie schweigend, was man an ihrem unzufriedenen Gesicht und den bösen Blicken sieht, mit denen sie in der Gegend herumschießt.

Solche Frauen sind leider nicht die Ausnahme. Sondern jeder Mann kann sich glücklich schätzen, wenn er eine Frau hat, die nicht so latent unzufrieden ist. Da sieht der Mann, der zugegebenermaßen alle Schraubenschlüssel und sonstigen Werkzeuge im Keller hat, beim polnischen Höker ein in der Sonne glänzendes 320-Teile-Werkzeug-Set für schlappe 60 Euro, handelt es auf 50 Euro runter und kommt damit freudestrahlend nach Hause. Schätzungsweise 80 Prozent aller Frauen erwecken den Eindruck, als wollten sie gleich sagen: »Musste das denn sein?«, höchstens zehn Prozent scheinen dem Kauf neutral gegenüberzustehen, und maximal weitere acht Prozent würden sagen: »Wenn du dir schon neues Werkzeug kaufst, dann gleich was Vernünftiges und nicht so einen Schrott, der irgendwo vom Laster gefallen sein muss.« Bleiben noch zwei Prozent übrig, die sich ehrlich mit dem Mann über sein Schnäppchen freuen und die 320 Teile nacheinander ehrfürchtig in die Hand nehmen. Und zwar alle 320 Teile. Obwohl man das doch eigentlich erwarten kann, so als Mann.

Die Kinder, die dem Vater ja auch ständig ein schlechtes Gewissen einreden, machen das meistens nicht mit bösen Blicken. Sondern viel direkter. Indem sie nämlich ständig ihre speziellen Wünsche äußern, die kein Normalverdiener jemals erfüllen kann. Beispiel Markenklamotten, Beispiel Spielzeug, Beispiel Handy, Beispiel Führerschein, Beispiel Auslandsaufenthalt, Beispiel Skiurlaub. Bereits der Gedanke, dass sie sich mit etwas Eigenleistung an alledem beteiligen sollten, ist für sie eine Zumutung. Im Endergebnis rechnen sie auf: Es wäre ja genug Geld da, wenn – ja, wenn die Erwachsenen ihr Geld nicht lieber für etwas anderes ausgeben würden als für sie, die verwöhnten Kinder.

Aber das väterliche permanente schlechte Gewissen hat ja nicht nur mit Geld zu tun, sondern es geht um die Vaterrolle in der heutigen Familie überhaupt. Und da kommen schon wieder die Medien ins Spiel. Gerade die sogenannten »Qualitätszeitungen« und Edel-Magazine – für den Zeitungs-Boulevard gilt das nicht so sehr – gaukeln uns ein Idealbild des Vaters in der heutigen Gesellschaft vor, das der Realität überhaupt nicht entspricht. »Die neuen Väter« werden porträtiert, von denen hier ja auch schon missbilligend die Rede war: Supermänner, die an der Werkbank angeblich ebenso perfekt sind wie am Wickeltisch.

Junge Väter, die sich in ein Babyjahr verabschieden, bekommen ganzseitige Fotos. Väter, die sich aus Angst um ihren Arbeitsplatz niemals trauen würden, ein Babyjahr zu nehmen, werden kaum noch erwähnt. »Natürlich teilen mein Mann und ich uns die Erziehung«, flötet die junge, stets hoch elegant gekleidete und auch sonst absolut hundertprozentige Gattin und Mutter, die natürlich auch noch einem aufreibenden Beruf nachgeht. Wie man sich die Erziehung teilen soll, wenn der Mann sechs Tage auf Montage ist, wird nicht erwähnt.

Da wirbt eine Ministerin um die Gunst der Wähler, indem sie in jede Kamera hinein erzählt, wie sie sich gleichzeitig um sechs oder sieben Kinder in Hannover und ums Wohl ihres Ministeriums in Berlin kümmert. Ja, ist die denn geklont?, fragt sich der Normalvater: Meine Frau würde das nicht schaffen. Und ich könnte damit auch nicht leben. Schon hat er wieder ein schlechtes Gewissen. Denn ein derartiger Balanceakt wäre in seiner Familie schon deshalb nicht möglich, weil er leider zu wenig Geld für Putz- und Kinderfrau verdient. Er. Der offensichtliche Versager, der doch gar keiner ist.

Frau von der Leyen, bei Erscheinen dieses Buches unsere Familienministerin, kommt den meisten Menschen in diesem Lande etwas merkwürdig vor. Was die so alles anschiebt und vorträgt, hat ja stets den Geruch der politischen Sauberkeit. Hätte die von der Leyen das nicht gesagt, so hätte man das selber sagen müssen!, ist eigentlich die Resonanz von »Otto Normalwähler«. Die fordert immer alles, was für die Familie gut ist. Aber was ist das eigentlich für eine Frau?

Ehrlich gesagt wissen wir das auch nicht so genau. Sie arbeitet irgendwie in Berlin, hat aber ein Super-Familienleben in Hannover, scheint also ständig zu pendeln, was ja nicht funktionieren kann, denn jeder weiß, wie lange man von Berlin nach Hannover und zurück (usw.), also am Wochenende ist sie Mama, Montag aber hoffentlich wieder in Berlin, die Klassenarbeit wird Dienstag zurückgegeben, das macht die Kinderfrau, Mittwoch ist Elternabend, gleichzeitig Kabinett, Donnerstag will die Merkel was, aber das fünfte von sieben hat Grippe, ja wo ist denn da Frau von der Leyen?

Wir schwören: bei der Merkel. Sonst fragt die ziemlich angepisst: »Wo ist die von der Leyen, hat etwa schon wieder eins der Kinder die Grippe, oder was? Und kriegt die endlich mal ihre Familie in den Griff?« So würde die Merkel muffeln. Und die Merkel ist Chefin.

Ach je, von Freitag wollen wir gar nicht reden. Das ist auch egal, weil die meisten bauernschlauen Politiker dann sowieso schon nicht mehr in Berlin sind. Aber trotzdem, noch einmal nachgefragt: Liebe Frau Familienministerin! Wie funktioniert eigentlich Ihre Ehe, wie erziehen Sie (bzw. wer erzieht) Ihre Kinder, und wie wollen Sie uns glaubhaft machen, dass Sie Ihre ganze Kraft in Ihren Job investieren? Und wie lange wollen Sie uns Wählern noch das Märchen vorspielen, dass man gleichzeitig eine verantwortungsvolle Mutter und eine Fulltime-Ministerin 300 Kilometer entfernt von den Lieben daheim sein kann? Entschuldigung: Aber das glaubt doch nun wirklich kein Schwein.

Es geht aber gar nicht so sehr um die Albrecht-Tochter. Es geht hier generell um die Glaubwürdigkeit unserer Politiker. Die ist bekanntermaßen heute so unterentwickelt wie noch nie. Und wenn sich dann eine Frau hinstellt und uns erzählt, dass alles gar kein Problem ist und sie alles supergut im Griff hat, dass sie heute in Berlin und morgen bei ihren Kindern ist, dass ihr die Wochenenden heilig sind und blablabla: Da fragen wir uns einfach, ob sie uns schlichtweg verar... will. Denn die Kassiererin von Aldi weiß es irgendwie besser als die Ministerin, und glauben tut sie der gar nix. Eine sehr engagierte und politisch denkende Mutter, mit der wir gesprochen haben, brachte es so auf den Punkt: »Ach, die von der Leyen. Vorne schiebt sie ständig etwas an, was sie in die Schlagzeilen bringt, und hinten kommt heiße Luft raus.«

42. Wie bleibe ich die Autorität in der Familie?

Väter, die sich das fragen, haben sie bereits verloren. Aber das ist gar nicht schlimm. Es ist sogar vollkommen normal. Jeder Vater wird irgendwann damit konfrontiert, dass nur auf den Tisch hauen nicht mehr ausreicht, um den eigenen Standpunkt durchzusetzen. Ein bisschen mehr muss man schon investieren, um ernst genommen zu werden! »Nur« der Vater zu sein, das legitimiert einen bei Kleinkindern. Aber nicht bei Heranwachsenden, und auch nicht bei Ehefrauen (es sei denn, man hat eine sehr schwache und unsichere Frau). Versuchen wir mal, 11 schöne Strategien fürs Erhalten der eigenen Autorität zu sammeln! Also:

Die Autorität bleibt man … 1.) Wenn man Respekt zeigt und Respekt erwartet. 2.) Wenn man die besseren Argumente hat. 3.) Wenn man die anderen niemals enttäuscht. 4.) Wenn man nicht ausflippt, also zum Beispiel betrunken, gewaltsam oder beides ist. 5.) Wenn man auch mal sagen kann: »Ja, du hast recht, und ich habe mich geirrt.« 6.) Wenn man zuhören kann. 7.) Wenn man den anderen Familienmitgliedern fast so viel Verantwortung zutraut, wie sie selbst gern übernehmen möchten. 8.) Wenn man ein gutes Vorbild ist. 9.) Wenn man die anderen ernst nimmt. 10.) Wenn man weiß, wann es besser ist, eine fruchtlose Debatte zu beenden. 11.) Wenn man über sich selber lachen kann, also die eigene Autorität nicht so wahnsinnig ernst nimmt. Ja, so kann's gehen.

Väter haben es heute sehr schwer. Sie sind überfordert, haben Identitätsprobleme, sind unsicher, haben es mit starken Frauen zu tun, wollen es allen recht machen, bangen um ihren Job, möchten gut zu den Kindern sein, haben hohe Erwartungen zu erfüllen, sollten sich eigentlich zu 100 Prozent im Job engagieren, können das aber nicht, weil sie sonst nämlich schlechte Väter sind. Wie soll das gehen? Lasst die Väter doch endlich wieder das sein, was sie können: die Chefs in der Sippe. Das wäre wirklich sehr nett von euch supermultitaskingfähigen Frauen.

43. Warum ist meine Frau so übervorsichtig mit den Kindern?

Frauen sind deshalb so übervorsichtig mit den Kindern, weil sie grundsätzlich bei allem übervorsichtig sind. Sie denken immer, dass irgendwas Schlimmes passieren könnte, und planen deshalb im Voraus. Das liegt in ihrer Natur. Schauen Sie mal in die Handtasche Ihrer Frau: Sie werden dort alles finden, was man in jeder denkbaren Notlage gut gebrauchen kann (außer einem Seil zum Abseilen, wenn das Hochhaus brennt, weil dieses nicht in die Handtasche passen würde). Ansonsten aber alles für Notfälle von Laufmasche bis Herpes, von Sittenstrolch bis Absatz abgebrochen, von Quickie bis Wolkenbruch. Die Frau ist präpariert. Ihr kann nichts passieren. Aber was kann dem Kind alles passieren!

Hinzu kommt, dass die meisten Frauen für ihre Kinder mehr Verantwortung tragen als die dazugehörigen Männer. Sie haben also auch mehr Stress, wenn den Kindern etwas passiert. *Sie* müssen mit dem Kind zum Arzt. *Sie* müssen es trösten. *Sie* sind die Ersten, die sich wegen eines kranken Kindes in der Firma abmelden müssen. So ist es eigentlich leicht zu verstehen, dass Frauen auch aus ganz eigennützigen Motiven heraus mehr als Männer darauf bedacht sind, dass den Kindern nichts Schlimmes passiert.

Es ist ja immer so ein Abwägen notwendig. Ist es zum Beispiel gefährlich, die Rutsche auf dem Spielplatz von unten nach oben raufzuklettern? (Ja, das ist es.) Sollte man das also verbieten? Oder ist es besser, das Kind zu lassen (inklusive der schmerzhaften Erfahrung, was bei Gegenverkehr passiert)? Frauen neigen dazu, sofort hinzulaufen und das Kind da wegzuholen. Männer schlendern eher gelassen hin, wenn die ersten Tränen bereits fließen. Sie trösten auch nicht so intensiv, sondern sagen schon mal: »Selber schuld, Rutschen geht nun mal von oben nach unten und nicht von unten nach oben.« Frauen sind gluckiger. Sie leiden mehr mit, sind also mitleidiger, und sie halten die Kinder auch regelmäßig für etwas kleiner, als die Kinder sind. Denn, mal ehrlich: Ein Kind, das schon die Rutsche von unten nach oben raufklettern kann, das weiß schon sehr wohl, dass es gerade als Geister-Rutscher unterwegs ist. Es weiß auch, dass die Schuhe des nächsten Rutschers zwischen den eigenen Milchzähnen ganz schön weh tun können. Und schließlich weiß es, dass nur wenige Kinder oben auf der Rutsche wegen eines Geister-Rutschers das Rutschen aufschieben würden, denn hinter dem sich zum Rutschen bereit machenden Kind steht die Rutscher-Warteschleife, und die ist auch nicht zimperlich.

44. Was macht eigentlich einen guten Familienvater aus?

Danach fragten wir Frauen und Jugendliche aus den verschiedensten sozialen Schichten. Eher tragische Wunschvorstellungen wie »Er schlägt seine Frau nicht« oder »Er ist wenigstens manchmal nüchtern« wurden ausgeklammert, weil sie selbstverständlich sind. Also lesen Sie mal, was Frauen und Kinder von einem guten Familienvater erwarten!

Platz 11: »Er kann für seine Familie sorgen.« Platz 10: »Er ist so oft wie möglich zu Hause.« Platz 9: »Er schreit nicht, wenn es Stress gibt.« Platz 8: »Er hilft im Haushalt mit.« Platz 7: »Er kann gut Geschichten von früher erzählen.« Platz 6: »Er unternimmt etwas mit den Kindern.« Platz 5: »Er lässt den Stress von der Arbeit nicht an seiner Familie aus.« Platz 4: »Er interessiert sich für alles, was seine Frau und die Kinder interessiert.« Platz 3: »Er ist lustig.« Platz 2: »Er ist so, wie man als Vater später auch gerne einmal sein möchte.« Platz 1: »Man kann über alles mit ihm reden.«

Da stecken einige interessante Erkenntnisse drin. Zunächst einmal ist bemerkenswert, dass der finanzielle Aspekt den letzten Platz belegt.

Wenn manche Väter also das Gefühl haben, sie seien hauptsächlich als Ernährer in der Familie willkommen, so liegen sie damit falsch. Dann ist auffällig, dass fünf der elf Aussagen etwas mit Kommunikation im weitesten Sinne zu tun haben (9, 7, 4, 3, 1). Daraus kann man schließen, dass Frau und Kinder sehr gern mit dem Vater reden und womöglich ein gutes Gespräch jedem Fernsehfilm vorziehen würden. »Über alles mit ihm reden können« belegt sogar Platz 1 – da wird sich manch ein Familienvater selbstkritisch fragen, ob das denn auch auf ihn selber zutrifft, also ob die Kinder tatsächlich »über alles« mit ihm reden können! Theoretisch ja. Aber in der Praxis ...?

Familienväter müssen sich aber keine allzu großen Sorgen machen. 82 Prozent der Befragten, also eine satte Mehrheit, waren mit »ihrem« Familienvater durchaus zufrieden und gaben ihm Schulnoten zwischen 1 und 3 – nur 15 Prozent vergaben eine 4 oder eine noch schlechtere Note.[*]

---

[*] *Rest: Keine Angabe*

5. Kapitel

WAS DIE MÜTTER INTERESSIERT

45. Warum räumt hier niemand auf?

Gibt es Auseinandersetzungen in der Familie, haben sie meistens etwas mit Aufräumen zu tun. Das ist nicht nur bei Ihnen so. Die meisten Familienmitglieder wissen offenbar nicht einmal, wie man das Wort »Ordnung« schreibt. Aber kannten Sie die Bedeutung des Wortes »Familie«?

Das Wort »Familie« kommt vom lateinischen »famulus«, und »famulus« heißt auf deutsch »Sklave«. Die »familia« (= Familie) war nämlich ursprünglich eine Lebensgemeinschaft von miteinander verwandten und ziemlich wohlhabenden Menschen, die sich einen Sklaven hielten.

Jetzt wird Ihnen natürlich so manches klar. Seit den alten Römern hat sich gar nicht so viel verändert! Es ist also vollkommen normal, dass einer in der Familie den anderen ständig hinterherräumt. Das ist der »Famulus«. Wenn das zufällig Sie sind, dann haben Sie eben Pech gehabt. Um die Antwort aus der Überschrift mit einem Satz zu beantworten: Ordnung ist den anderen einfach nicht wichtig. »Aber ohne Ordnung geht es doch nicht!«, rufen Sie jetzt. Stimmt! Darum halten sich die anderen ja einen »famulus«, der oftmals eine »famula« ist, also eine Sklavin. Wenn Sie nicht mehr aufräumen, würde es jemand anders aus der »familia« tun. Aber so weit lassen Sie es nicht kommen. Warum regen Sie sich dann auf, wenn es an Ihnen hängen bleibt?

Ihr Mann lässt ständig seine getragenen Socken herumliegen und legt die Zeitung nie so zusammen, wie sie vom Boten angeliefert wurde? Das ist normal. Er findet es unwichtig, die Socken wegzuräumen oder die Zeitung zusammenzulegen, denn er ist ein Mann, und Männer sind so ungefähr die zweitunordentlichsten Wesen, die es gibt (nach den Kindern). Das liegt offenbar daran, dass sie, als sie noch kleine Jungs waren, ihrerseits eine

»famula«, also eine Sklavin hatten: Nämlich Ihre Schwiegermutter. Die ist an allem schuld.

Wenn die den Bub zu mehr Ordnung erzogen hätte, wäre er heute nicht so fürchterlich unordentlich. »Was Hänschen nicht lernt ...«[*] Hinzu kommt, dass Männer immer nur eine Sache auf einmal erledigen können. Wenn Männern zum Beispiel das Ziel »Du musst gleich zur Arbeit« in den Kopf kommt, sind sie für andere Ziele unempfänglich und gegen alles resistent, was dem Ruf zur Arbeit zu widersprechen scheint.

Natürlich wissen sie irgendwo im Hinterkopf, dass sie auch für das Wegräumen ihrer eigenen Hinterlassenschaften verantwortlich sind, also zum Beispiel für ihre Socken. Und sie wissen auch, dass das Liegenlassen von getragenen Socken zwangsläufig Stress verursacht. Aber das einmal ins Auge gefasste Ziel »Du musst gleich zur Arbeit« überwiegt im Kopf und beherrscht sie einfach. Männer können nicht zweigleisig denken! Zum Beispiel auf dem Weg vom Schlafzimmer ins Bad, wo sie sich rasieren möchten, gleich die Socken von gestern mitzunehmen, um sie dort in der Schmutzwäschetonne zu entsorgen, was keine Sekunde länger dauern würde, denn es wäre ja kein Extra-Weg: Das kann ein Mann nicht. »Ich jetzt rasieren gehen«, das kann er. »Ich jetzt rasieren gehen und gleich die Socken von gestern mitnehmen«, das kann er nicht. Haben Sie Nachsicht. Es ist alles eine Folge der männlichen Eingleisigkeit.

Die allerunordentlichsten Wesen der Welt sind aber die Kinder. Und zwar Jungs und Mädchen gleichermaßen. Das hat einen anderen Grund. Kinder lieben die Ordnung nicht. Es soll um sie herum so aussehen, wie es in ihnen aussieht: chaotisch. So richtig zu Hause fühlen sie sich nur, wenn sie im totalen Chaos leben. Mit Faulheit oder Schlampigkeit hat das gar nicht so viel zu tun,

---

[*] *»... lernt Hans nimmermehr«, altdeutsches Sprichwort*

wie Sie denken. Das Chaos im Kinderzimmer ist gewollt! So wie es im Kopf Ihres Kindes zugeht, so sieht es auch im Kinderzimmer aus.

Das ist eine Erklärung, aber keine Entschuldigung. Denn natürlich gehört auch Ihr ständiger (wenn auch vergeblicher) Versuch, das Kind zur Ordnung anzuhalten, zum mehr oder weniger gelungenen Konzept einer erfolgreichen Erziehung. Es wäre also ganz falsch zu sagen: »Okay, du bist in einer chaotischen Phase, deshalb sieht auch dein Zimmer so chaotisch aus, und sag mal Bescheid, wenn diese Phase vorbei ist!« Nein, damit würden Sie Ihrem Kind keinen Gefallen tun.

Übrigens kommt der Tag, an dem Ihr Kind den Segen eines aufgeräumten Kinderzimmers zu schätzen weiß. Dann werden Sie es nicht wiedererkennen (weder Ihr Kind noch sein Zimmer). Wann? Ungefähr mit 16 Jahren.[*] So lange wird es bei Ihnen noch Stress geben. Alles ganz normal. Alles in anderen Familien ganz genauso.

---

[*] *Lesen Sie dazu das Buch »Wie Teenies ticken« (2007).*

46. Findet mein Mann mich noch attraktiv?

Immer wieder kamen die Frauen bei den Gruppen-Interviews für dieses Buch auf die Frage zu sprechen, ob ihre Männer sie eigentlich nach der Geburt von einem oder mehreren Kindern noch so attraktiv wie früher finden. Man könnte fast sagen, dass es bei diesem Thema ein »Ur-Misstrauen« der Frauen gibt, denn durchweg alle sagten: Ja, unsere Männer behaupten das durchaus. Aber wir haben Zweifel, ob das auch stimmt. Denn es wird doch kein Mann zugeben, dass er seine Frau nicht mehr so attraktiv wie früher findet. (»Das Echo möchte er bestimmt nicht hören.«)

Vor allem, wenn das sexuelle Verlangen des Mannes nicht mehr so heftig ist wie früher, sucht die Frau sofort bei sich selbst die »Schuld« – für etwas, das doch gar keine Frage von »Schuld« sein kann. Das ist für viele Frauen offensichtlich ein Teufelskreis: Sie leiden ohnehin darunter, dass ihre Figur nach mehreren Geburten etwas gelitten haben könnte. Je mehr sie leiden, umso mehr möchten sie begehrt werden, um das Leiden zu mildern. Zeigt der Mann nun die geringste sexuelle Schwäche (hat also eine Zeitlang eine etwas reduzierte Libido), fühlen sie sich in ihren Selbstzweifeln bestätigt und leiden noch mehr. Da eine unter ihrer Figur leidende Frau aber sexuell uninteressanter ist als eine mit ihrem Körper rundum zufriedene Frau, nimmt das sexuelle Interesse des Mannes weiter ab, das Leiden verstärkt sich (usw.). Das ist zwar eine etwas abenteuerlich klingende Theorie, aber sie hat sich in vielen Interviews als offensichtlich zutreffend herauskristallisiert! »Ja, so ist es«, sagen die Frauen. »Von der Seite haben wir es bisher aber noch nicht betrachtet.«

Männer hingegen sind ganz seltsame Wesen, deren Gedanken manchmal noch abenteuerlichere Wege gehen. Zunächst einmal ist es erstaunlich vielen Männern (74 Prozent der Befragten) angeblich absolut egal, ob sich die Figur ihrer Frau nach der Geburt verändert hat. Und das, obwohl 92 Prozent der Frauen diese Frage besonders wichtig finden! Woher kommt diese männliche »Gleichgültigkeit« nun aber? Interessieren sie sich gar nicht für die Figur ihrer Frauen, oder ist ihre Liebe so stark, dass sie über Äußerlichkeiten grundsätzlich hinwegsehen und nur die »inneren Werte« zu schätzen wissen?

Ganz davon abgesehen, dass Frauen damit durchaus nicht zufrieden wären (welche Frau will schon nur wegen ihrer »inneren Werte« geliebt werden?): Die Wahrheit ist, dass Männer ausgesprochen bequem sind und total anders denken, als Frauen sich das vorstellen. »Wenn meine Frau heute nicht mehr so attraktiv ist wie damals, als ich sie kennengelernt habe, dann muss ich mir wenigstens keine Sorgen machen, dass sie mir ein anderer wegschnappt« – diese Aussage eines Familienvaters führte in einer Gesprächsrunde unter Männern für dieses Buch im Juni 2009 allseits zu beifälligem Murmeln und Kopfnicken. Männern ist es also ganz recht, wenn ihre Frauen nach mehreren Geburten ein wenig unattraktiver sind als vorher. Weil sie sich dann entspannt zurücklehnen können. Das ist wirklich schlimm, oder etwa nicht? Aber offenbar ist es so.

47. Was ist wichtiger für meinen Mann: sein Hobby oder ich?

Natürlich ist sein Hobby wichtiger. Denn wenn Sie ihm sein Hobby vermiesen würden, so dass er sich entscheiden müsste zwischen dem Hobby und Ihnen, dann wären Sie für ihn die falsche Frau. Sie wären eine schlechte Partnerin, eine Miesmacherin und eine egozentrische Meckerfrau. Er täte also gut daran, sich zunächst von Ihnen zu trennen. Denn nichts ist schlimmer für einen Mann, als eine keifende nörglerische Zicke zu Hause vorzufinden.

Viele Frauen nennen die Werkstatt ihres Mannes »Hobbykeller«. Das jedoch ist eine Beleidigung der männlichen Qualifikation für handwerkliche Tätigkeiten jeder Art. Der Hausherr kann nämlich alles, für das man eigentlich einen Meisterbrief braucht. Und er geht da unten auch keinem »Hobby« nach. Sondern alles, was er dort treibt, tut er um der Familie willen. »Hobbykeller«? Ganz ehrlich: Das Wort muss eine Frau erfunden haben, die ihren Mann kränken wollte. Weil es alle in dieser Räumlichkeit verwirklichten oder zumindest angedachten Projekte in den Bereich der Belanglosigkeit verbannt. Nennen Sie das Heiligtum Ihres Mannes deshalb lieber »Werkstatt« oder »Atelier«. Das klingt viel ehrfürchtiger als »Hobbykeller«. Aber das nur nebenbei.

Ein guter Familienvater zu sein, das ist aus Männersicht heute mindestens ebenso wichtig, wie einen guten Job in der Firma zu machen. Die Männer haben ihre Lektion gelernt. Sie wissen, dass Erfolg im Beruf nicht alles ist und dass mehr von ihnen verlangt wird, als Geld nach Hause zu bringen. Beim Vater war das noch anders und beim Großvater sowieso. Da gab es eine klare Aufgabenteilung: ER schaffte die Kohle ran, und SIE managte den

Haushalt und die Kinder. Damit gewinnt man heute als Mann keinen Blumentopf mehr. Man muss schon beides hinkriegen: gut im Beruf sein – und eben auch ein guter Familienvater.

Dieser neue Anspruch hat viele Vor- und einige Nachteile. Zu Letzteren gehört, dass die Männer kaum noch Zeit für sich haben. Sie reiben sich auf zwischen Werkbank und Wickeltisch, zwischen Meeting und Milchbrei, zwischen Karriere und Kinderkacke. Das geht eine Weile gut, meistens so circa 10 oder 15 Jahre, und dann kommt der Knacks. Dann fragt sich der Mann: Wo bleibe *ich* eigentlich? In diesem Moment – geht er in seine Werkstatt und bleibt da unten, bis es oben nach Gulasch riecht.

In seiner Werkstatt muss der Mann nicht sprechen. Er darf schweigen. Schon deswegen fühlt sich der Mann hier unten wohl. Er atmet auf: »Endlich ist Ruhe.« Es wird nichts von ihm erwartet. Niemand zerrt an ihm herum. Er darf auch Fehler machen, denn außer ihm wird sich keiner darüber ärgern. Er muss sich niemandem gegenüber dafür verantworten. In der Werkstatt kann sich der Mann obendrein so benehmen, wie er gerne möchte. Er kann zum Beispiel die Füße auf den Tisch legen oder ungeniert rülpsen. Er kann qualmen und trinken, so viel und was er will. Er kann sich auch ein paar Kumpels in seine Werkstatt einladen, die sich dann ebenso schlecht benehmen wie er. Eine gute Werkstatt verfügt deshalb recht häufig über eine meistens selbst gebaute Bar. Da hängen sie ab, die Jungs. Ein Prost auf die Werkstatt, das Männerparadies!

Übrigens gibt es viele Männer, die gar keine Werkstatt als Rückzugsmöglichkeit haben. Bei der Aufteilung der Räume haben sie sich selber schlicht und einfach vergessen. »Ja, Schatz. Hier ist das Kinderzimmer. Genau. Und hier – wie findest du das? – hier kriegst du ein schönes ANKLEIDEZIMMER. (Oje! Kein Platz für seine Werkstatt, aber sie kriegt ein Ankleidezimmer???) Und hier? Ja, natürlich, das Gästezimmer für deine Mutter. Sie soll es ja SCHÖN haben, wenn sie uns mal besuchen kommt. Nicht wahr, Schatz? Ja, und hier im Keller, da kannst du doch Waschmaschine und Bügelbrett und Wäschetrockner und so ...«

Solche Ehen sind gefährdet. Denn irgendwann wollen die Männer für ihre eigene jahre- oder jahrzehntelange Selbstverleugnung belohnt werden, und sie holen sich diese Belohnung meistens nicht innerhalb, sondern außerhalb der Familie. Wer sich zu lange selbst verleugnet, der wird eines Tages SIE verleugnen!

Für dieses Buch sprach der Autor ausführlich mit glücklichen Rentnern, die im Schweiße ihres Angesichts im Hamburger Hafen einen 1911 vom Stapel gelaufenen Dampf-Eisbrecher restauriert haben und die ihn nun im doppelten Schweiße ihres Angesichts gelegentlich beheizen, um Touristen damit auf der Elbe herumzufahren. Geld verdienen sie damit nicht, im Gegenteil: Sie blasen ihre eigene Rente buchstäblich zum Schornstein hinaus. Denn so ein dampfbetriebener Eisbrecher, der hat eigentlich nie genug Kohle. Das verbindet die Rentner mit ihrem Hobby.

Was jetzt kommt, war bei allen Männern gleich. 1.) Sie liebten ihre Frauen sehr dafür, dass die ihnen klaglos – also ohne zu meckern – dieses schöne Hobby ermöglichten. 2.) Sie schwärmten davon, wie schön es sei, im Alter noch so eine erstklassige Aufgabe zu haben. 3.) Sie fanden es toll, nicht den ganzen Tag mit ihren Frauen verbringen zu müssen. 4.) Sie hätten es wahnsinnig gern, wenn ihre Frauen dieses Hobby mit ihnen teilen und sich so wie sie selbst auch an Bord engagieren würden. »Unsere Frauen brauchen kein Parfüm«, lachten sie. »Ein Tropfen Öl hinterm Ohr genügt absolut.«

48. Zurück in den Job: Macht mich das glücklich?

Glück ist, wenn man mit sich selbst im Einklang ist. Mütter, die durch die Doppelbelastung Familie/Beruf heillos überfordert sind, sich abhetzen und keine Zeit mehr für sich selbst haben, werden deshalb mit ihrer Berufstätigkeit kaum glücklich werden. Frauen, die »alles gut geregelt« kriegen, macht die Rückkehr in den Beruf nach einigen Jahren der Kinderbetreuung hingegen tatsächlich glücklich. Die skeptische (und typisch männliche) Frage »Wie willst du das alles denn unter einen Hut bekommen?« ist deshalb durchaus berechtigt und muss, wie viele Frauen rückblickend zugeben, unbedingt vorher abgeklärt werden.

Je qualifizierter die Berufsausbildung einer Frau, desto glücklicher macht sie der Wiedereinstieg ins Berufsleben nach einigen Jahren der Kinderbetreuung. Auch hierzu wurden Frauen für dieses Buch befragt.* Während Frauen in Berufen ohne spezielle Ausbildung (Reinigungskräfte, ungelernte Verkäuferinnen, Kassiererinnen usw.) ihren Wiedereinstieg eher als Notwendigkeit aus finanziellen Gründen, also notgedrungen hinnehmen (nur 32 Prozent dieser Frauen sagen, dass sie die Rückkehr in den Job »eher glücklich« gemacht habe), steigt die Quote bei Frauen mit qualifizierter Ausbildung dramatisch an (auf durchschnittlich 71 Prozent). Eine gute Ausbildung mit den damit verbundenen Erwartungen für die eigene Lebensgestaltung sorgt also entscheidend dafür, dass die Rückkehr in den Beruf als notwendig für das eigene Wohlbefinden empfunden wird.

Das gilt allerdings mit dieser Einschränkung: Frauen in Spitzenpositionen, also zum Beispiel Frauen mit erheblicher Personal-

---

* *Basis: 1121 Interviews*

und Etat-Verantwortung, empfinden die Doppelbelastung als fast ebenso schwierig wie Frauen in Berufen mit geringer Qualifikation. Am glücklichsten sind Frauen, die in kleineren Firmen ihr Berufs-Comeback feiern und vom Arbeitgeber die Möglichkeit bekommen, ihre Arbeitszeit frei zu gestalten (von ihnen sagen sogar 81 Prozent, dass sie die Rückkehr in den Beruf glücklich gemacht habe). Die Forderung ist also klar: Nicht die Mütter müssen sich den starren Regeln des Arbeitsmarktes anpassen – sondern der Arbeitsmarkt muss sich auf die Bedürfnisse der Mütter einstellen.

Das ist eine Hauptforderung, die berufstätige Mütter haben. Und sie wissen auch sehr genau, welche Vorteile der Staat davon hätte. Die lassen sich in elf Punkten zusammenfassen: 1.) Ein höheres Angebot an qualifizierten weiblichen Arbeitskräften. 2.) Mehr Konsum durch mehr Nettofamilieneinkommen. 3.) Niedrigere durch Frust und Unbefriedigung verursachte psychosomatische Krankheitsfolgekosten. 4.) Wünschenswerte Senkung der aus denselben Gründen stattfindenden Anzahl von Scheidungen inklusive der dadurch entstehenden öffentlichen Kosten bis hin zur Resozialisierung von straffällig gewordenen Scheidungskindern. 5.) Bessere berufsvorbereitende Qualifikation der Jugendlichen durch die flexibel und zeitlich maßgeschneiderte Anwesenheit einer Bezugsperson im Haushalt. 6.) Dadurch sinkende Quote der Jugendarbeitslosigkeit. 7.) Hieraus resultierender Rückgang der Jugendkriminalität mit allen Folgekosten. 8.) Stärkung der Institution Familie. 9.) Höhere Attraktivität der Mutterschaft mit dadurch steigenden Geburtenzahlen. 10.) Dadurch langfristig mehr Einzahler bei den Rentenkassen. 11.) Abbau des zahlenmäßigen Ungleichgewichtes zwischen Jungen und Alten und daraus folgend die Möglichkeit, den »Sozialpakt« zwischen Jung und Alt wieder zu reanimieren.

Wegen dieser vielfältigen Vorteile fürs Gemeinwesen sollten Unternehmen, die berufstätigen Müttern flexible Arbeitszeiten anbieten, einen staatlich finanzierten Anreiz bekommen, fordern die Frauen (zum Beispiel in Form von Steuererleichterungen oder Subventionierungen von entsprechenden Arbeitsplätzen für berufstätige Mütter). Ist unsere hyperaktive Familienministerin eigentlich schon auf diese naheliegende Idee gekommen?

49. Schadet es meinem Kind, wenn ich wieder arbeiten gehe?

Es war eine ehemalige Tagesschau-Sprecherin, die sich vor einigen Jahren mit im Prinzip diskussionswürdigen Thesen zu diesem Thema heillos verrannte und sich selbst ins gesellschaftliche Abseits katapultierte. Es war eine Bundesministerin, die nach außen hin den Eindruck erweckte: Alles geht. Man muss nur wollen. Sieben Kinder daheim in Hannover und die Mutter in Berlin, wo ist das Problem? Beide Frauen (die kleine mollige Blonde und die kleine schlanke Blonde) waren wirklich nicht glaubwürdig und wirkten überhaupt nicht authentisch, denn sie gehören zu einer privilegierten Gesellschaftsschicht, irgendwie zur Oberklasse: Die ehemalige »Miss Tagesschau« hat sowieso schon zugegeben, dass ihr eigenes Lebensmodell gescheitert ist – und die Ministerin konnte oder kann sich wahrscheinlich schon aufgrund ihres Ministerinnen-Gehaltes eine super Kinderbetreuung leisten. Schlechte Beispiele, diese beiden Frauen. Die Realität sieht doch ganz anders aus: Die Frau hat wegen der Kinder einige Jahre pausiert und könnte jetzt als Kassiererin bei Aldi wieder anfangen oder als technische Zeichnerin bei ihrem alten Chef oder als Arzthelferin beim HNO-Arzt nebenan. Die Kinder sind jetzt vielleicht 13 und 16 Jahre alt. Die könnten sich also weitgehend selbst versorgen. Man könnte auch vorkochen. Eine Kinderbetreuung ist nicht drin. Denn dann braucht man ja gar nicht erst arbeiten zu gehen, wenn das ganze Geld gleich wieder weg ist. Der Mann steht auch nicht zur Verfügung. Der macht seinen Job und kommt abends müde nach Hause. Würde er das nicht tun, gäbe es eine Katastrophe, und das ganze Familiensystem würde zusammenbrechen. Also: Soll die Frau nun wieder arbeiten gehen, oder schadet das den Kindern?

Aus vielen Interviews, die wir zu diesem Thema geführt haben, kristallisiert sich diese Antwort heraus: Erstens – ja, es schadet. Zweitens – es schadet der Familie ebenso, wenn die Hausfrau frustriert ist und sich nach ihrer Berufstätigkeit zurücksehnt. Weil sie dann nämlich schlechte Laune in der Familie verbreitet, die sich sowohl auf die Beziehung zum Ehemann als auch auf die Beziehung zwischen Eltern und Kindern überträgt.

Kinder lieben es, wenn sie aus der Schule kommen und es ist jemand zu Hause. Auch wenn sie nicht reden wollen und nur mit den Türen knallen, also nicht unbedingt den dazu passenden Eindruck erwecken. Kinder finden es nicht toll, wenn sie sich ihr Essen selber aufwärmen müssen und beide Eltern erst abends gestresst von der Arbeit kommen. Kinder möchten auch dann in den Arm genommen werden, wenn sie mitten in der Pubertät stecken und ihre Eltern einfach nur doof finden. Familie funktioniert nur, wo es ein Familienleben gibt. Und das kann man nicht auf einige Abendstunden reduzieren. Deshalb ist jede Frau ernst zu nehmen, die sagt: »Solange ich es nicht aus finanziellen Gründen machen muss, möchte ich nicht wieder arbeiten gehen. Jedenfalls nicht auf Vollzeit. Ich bleibe lieber bei unseren Kindern.«

Die Politiker sind sich bei diesem Thema so unschlüssig wie viele Mütter, die die Frage »arbeiten gehen oder nicht« für sich selbst entscheiden müssen. Einerseits werden Ehe und Familie (nicht nur im Grundgesetz) als besonders schutzwürdig angesehen. Andererseits werden Tausende geschiedene Mütter aber durch das von der Großen Koalition 2007 mit vielen Kompromissen verabschiedete neue Unterhaltsrecht quasi dazu gezwungen, frühzeitig wieder arbeiten zu gehen und ihre Kinder sogar, wenn zumutbar und nahe gelegen, alsbald in einen Ganztagskindergarten zu geben. »Schutzwürdige« Familie?

So begrüßenswert es für viele geschiedene Väter ist, dass sie nun erheblich unkomplizierter und befreiter eine neue Lebensgemeinschaft eingehen können, so geradezu lebensfern klingt es doch, wenn Deutschlands oberste Familienrichterin Meo-Micaela Hahne (Vorsitzende Richterin des XII. Zivilsenats des Bundesgerichtshofes) in einem Interview sagt: »Es ist doch auch gut, wenn das Kind (im Kindergarten, *Anm. des Autors.*) Sozialverhalten lernt und nicht durch isolierte Einzelerziehung zu einem Haustyrannen wird.« Ob diese Juristin bedacht hat, wie viel Zeit und Kraft das Alleinerziehen eines noch nicht schulpflichtigen Kindes kostet? Und wie erschöpft eine Mutter ist, wenn sie von zu Hause zur Kita, von der Kita zur Arbeit, von der Arbeit zur Kita und von der Kita nach Hause hastet?

Zu Hause bleibende Ehefrauen und Mütter sind auf jeden Fall ein Auslaufmodell. In immer mehr Familien sind beide Elternteile berufstätig, ob auf Teil- oder Vollzeit. Finanzielle Gründe sind fast immer die wichtigsten; gefolgt vom Wunsch, den Anschluss an die Berufswelt nicht zu verpassen. Nach neuesten Zahlen sind bereits zwei Drittel aller Mütter mit minderjährigen Kindern berufstätig. 40 Prozent von ihnen arbeiten auf Teilzeit. Nur sechs Prozent der Frauen in den alten Bundesländern und nur zwei Prozent der Frauen in den neuen Bundesländern können sich vorstellen, nach der Geburt eines Kindes dauerhaft zu Hause zu bleiben!

Für dieses Buch wurden berufstätige Mütter gefragt, ob sie unter der Doppelbelastung Familie/Beruf leiden und wenn ja, was ihnen besondere Sorgen bereitet.* Daraus entstand diese aus den elf häufigsten Antworten zusammengestellte »Hitliste« der mütterlichen Probleme. Platz 11: »Zu wenig Zeit, um shoppen zu gehen.« Platz 10: »Man selbst kommt zu kurz.« Platz 9: »Was man verdient, geht für Kinderbetreuung drauf.« Platz 8: »Dem Mann

---

* *54 Prozent der befragten Frauen gaben übrigens an, durch die Doppelbelastung keinerlei Probleme zu haben.*

ist es nicht recht.« Platz 7: »Das Sexualleben leidet darunter.« Platz 6: »Der Haushalt ist kaum zu schaffen.« Platz 5: »Man hat kaum Zeit, soziale Kontakte zu pflegen.« Platz 4: »Man ist rund um die Uhr im Dauerstress.« Platz 3: »Zu starre Arbeitszeiten machen es besonders schwierig.« Platz 2: »Die schulischen Leistungen der Kinder leiden darunter.« Platz 1: »Mann und Kinder kommen zu kurz.«

50. Warum ist mein Mann
so leichtsinnig mit den Kindern?

Endlich ist die ganze Familie mal zusammen. Es soll ein richtig schöner Familientag werden. Man geht vielleicht in den Zoo oder auch nur so spazieren.

Am Ende sitzt man jedenfalls auf einem Spielplatz und schaut den Kindern zu, wie sie spielen. SIE denkt: »Oh, wie schön. Wir *unternehmen* etwas zusammen, das ist ja so selten geworden! Dann will ich diesen Tag mal so richtig genießen.« ER denkt: »Heute zeige ich doch wieder einmal, dass ich ein guter Familienvater bin. Leider sieht mich keiner, wie ich hier mit meiner Frau und den Kindern auf der Bank vom Spielplatz sitze, links eine strickende Mutter, rechts eine fürsorgliche Omi. Ja, ich bin wirklich ein *guter Vater und Ehemann*. Aber dann muss sie doch auch akzeptieren, dass ich mich ab morgen wieder verstärkt um das Wohl meiner Firma kümmern muss.« DIE KINDER denken: nichts.

Nun klettern die Kleinen auf die Rutsche, und es kommt zu einer waghalsigen Aktion. Man könnte auch sagen, es herrscht Handlungsbedarf, denn die Kinder drohen abzustürzen, sich heftig zu verletzen, ja vielleicht brechen sie sich sogar die Knochen oder sonst etwas Schlimmes passiert.

Wer springt auf und greift ein? SIE. ER hingegen sitzt ganz gelassen auf der Bank und schaut zu, als wäre gar nichts geschehen. Schon hat SIE wieder den Stress mit den Kindern. »Komm da runter!« »Nicht so wild!« »Pass doch auf!« »Du tust dir doch weh!« Und ER sitzt immer noch da, als wäre gar nichts geschehen.

Das sind so Momente, in denen eine Frau denkt: Eigentlich könnte ich doch die Kinder gleich alleine großziehen, denn der Kerl merkt ja nun überhaupt nichts. Warum ist er nur so leichtsinnig? Warum bleibt er sitzen und springt nicht auf, wenn die Kinder in Gefahr sind?

Das sind so Momente, in denen ein Mann denkt: Warum ist sie immer so überfürsorglich? Wie sollen die Kinder denn lernen, wo Gefahren lauern, wenn man sie immer beschützt? Warum bleibt sie nicht einfach sitzen, so wie ich? Aber das Thema hatten wir ja schon.

Was Frauen leichtsinnig nennen, ist für Männer noch weit innerhalb der Toleranzzone. Sie sind deswegen keine schlechteren Eltern. Sie bleiben auch nicht deswegen sitzen, weil sie faul oder zu bequem sind. Sie bleiben sitzen, weil sie ihren Kindern einfach mehr zutrauen, als die Frauen es tun. Dabei allerdings müssten sie eigentlich auch das Risiko einkalkulieren, dass sie sich verschätzen und den Kindern zu viel zumuten könnten. Und es müsste ihnen klar sein, dass den Stress mit einem Kind, das mit gebrochenem Bein im Krankenhaus liegt, am Ende vermutlich die Frau hat. Denn wie dachte der Mann doch noch? »Sie muss akzeptieren, dass ich mich ab morgen wieder verstärkt um das Wohl meiner Firma kümmern muss …«

51. Warum sind Kinder manchmal so undankbar?

Wieder einmal wird die Tür vom Kinderzimmer zugeknallt. »Ich hasse dich« ist noch ein relativ freundlicher Satz, den die Mutter zu hören bekommt. Sie ist nicht nur wütend. Sie ist auch sehr traurig. Sie macht doch ihren Job, so gut sie kann. Sie versucht wirklich, alles für das Wohl des Kindes zu tun. Sie reibt sich auf für die Gören. Sie will doch nur das Beste. Und zurückhaben möchte sie eigentlich nur ein bisschen Anerkennung. Die Kinder sollen wenigstens merken, dass sie eine gute Mutter zu sein versucht.

Aber nichts davon. Beim kleinsten Anlass rasten sie aus, sie benehmen sich wie Sau, sie achten ihre Mutter nicht, sie behandeln sie wie ein Stück Dreck, sie schreien herum und knallen so wie eben mit der Tür, und sie sagen hässliche Dinge, die sie sicher so nicht meinen: Aber kann man nicht erwarten, dass sie auf die Gefühle der Mutter etwas Rücksicht nehmen? Hat man sie nicht zu sozialen Wesen erzogen, die familien- und überhaupt gesellschaftsverträglich sind?

In solchen Situationen haben Mütter sehr oft das Gefühl, dass sie selbst gescheitert sind. Das macht sie zusätzlich traurig. Sie haben ihr Erziehungsziel ja offensichtlich nicht erreicht. Denn wenn sie es erreicht hätten, dann würden sich die Kinder nicht so übel aufführen. Mein Kind benimmt sich schlecht, also habe ich versagt: Das ist die scheinbar logische Gedankenkette einer Mutter.

Aber sie ist falsch. Hysterisch schreiende Kinder, die ungerechtfertigte Vorwürfe erheben, beleidigend werden und alles daran setzen, ihre Mutter zu verletzen, fühlen sich einfach hilflos und den Erwachsenen hoffnungslos unterlegen. Das macht sie verzweifelt, aus Verzweiflung wird Wut, und mangels Argumenten oder anderer verbaler Waffen schlagen sie mit Gemeinheiten um sich. Die Frage ist also nicht, warum Kinder manchmal so gemein und undankbar sind – sondern, ob sie ihr Ziel damit erreichen.

Unglücklicherweise ist es »typisch weiblich«, sich an allem Übel dieser Welt immer erst einmal selbst die Schuld zu geben. Das macht solche Situationen für Mütter schwieriger als für Väter, die Gemeinheiten viel stoischer an sich abperlen lassen können. Väter sind nicht so leicht zu treffen wie Mütter. Das wiederum spürt das Kind (ein Teufelskreis, dem schwer zu entkommen ist).

Wenn es der Mutter gelänge, sich nicht provozieren zu lassen und nicht persönlich angreifbar zu sein. Wenn sie auf jede Hasstirade und jede Undankbarkeit eine ruhige und sachliche Antwort hätte. Wenn sie sich immer total unter Kontrolle hätte. Wenn sie wie ein Tennistrainer wild in die Gegend geschossene Bälle ruhig und entspannt zurückgeben könnte: Dann würde diese »Streitkultur« sicher auf das Kind abfärben. Aber Mütter sind nun mal auch nur Menschen.

52. Wie kriege ich mein Kind vom Computer weg?

In jeder Generation machen sich Eltern Sorgen um ihre Kinder. Ihre Großeltern fanden gar nicht toll, was Ihre Eltern gemacht haben. Ihre Eltern fanden total daneben, was Sie super fanden. Sie haben Probleme mit dem, was Ihre Kinder so treiben. Also entspannen Sie sich erst mal. Das ist alles ganz normal.

Es ist kaum jemand zum Loser geworden, der lange Haare trug. Und wenn, dann lag es bestimmt nicht an den langen Haaren. Von ACDC und ABBA ist man nicht rauschgiftsüchtig geworden. Und wenn, dann lag es nicht an denen. Computerspiele machen auch nicht krank. Sie gehören zur Jugendkultur des neuen Jahrhunderts wie SMS und *Schülervz*.

Zwar ist es richtig, dass nahezu sämtliche jugendliche Amokläufer der letzten fünf Jahre ausgesprochene Liebhaber von Ballerspielen waren, aber weit über 99 Prozent aller Liebhaber von Ballerspielen werden deshalb noch lange nicht zu Amokläufern. Das galt vor den schrecklichen Ereignissen vom März 2009 in einer baden-württembergischen Realschule, und es gilt auch danach. Da muss schon etwas mehr im Kopf passieren bzw. nicht passieren.

Zwar wissen wir heute, dass extremes Ballerspielen bestimmte Teile des Gehirns aktiviert, die für das Unterdrücken von Mitleidsgefühlen und für die Stärkung der ungezügelten Aggressivität verantwortlich sind. Das klingt bedrohlich. Aber bedrohlich ist es auch, wenn Ihr Kind Alkohol trinkt, wenn es hascht oder gar Aufputschdrogen nimmt, wenn es raucht, wenn es sich mit den falschen Freunden trifft und wenn es ohne Helm Fahrrad fährt. Die Frage ist, ob Ihr Kind mit Ihnen darüber spricht. Ernsthafte Sorgen müssen Sie sich erst dann machen, wenn Ihr Kind »komplett dicht« macht. Wenn Sie sich also fragen, wie Sie Ihr

Kind vom Computer wegkriegen, lohnt sich zunächst einmal die Frage: Wissen Sie denn überhaupt, was Ihr Kind da macht?

Ohne Computer und Internet würde Ihr Kind in seiner Welt so exotisch wirken wie ein Mönch in der Peepshow. Irgendwie deplatziert und daneben. Ohne Wikipedia macht heute kein 13-Jähriger mehr seine Referatsvorbereitungen. Das können Sie bedauern, aber Sie können es nicht ändern. Akzeptieren Sie deshalb bitte, dass Ihr Kind ohne Computer gar nicht mehr wettbewerbsfähig ist. Ermöglichen Sie ihm stattdessen die optimale Flatrate und den Zugang zu allem, was es haben möchte.

Computerspiele hingegen lassen sich durchaus reduzieren, und zwar ganz einfach (wir geben hier nur die Ergebnisse von Eltern-Befragungen wieder und erteilen keine Ratschläge): Eine knallharte und auch durchgesetzte zeitliche Limitierung, mit der auch das Kind leben kann, wirkt Wunder. Das bedeutet: Das Kind bekommt eine Tagesquote, sagen wir mal, eine Stunde. Mehr als eine Stunde darf es kein Computerspiel aufrufen. Nutzt es diese Stunde nicht, geht der unverbrauchte Rest auf ein Computerspiel-Guthabenkonto. Das heißt in der Praxis: Am Montag hat das Kind gar nicht am Computer gespielt. Am Dienstag darf es deshalb zwei Stunden spielen. Lässt es Mittwoch und Donnerstag die Finger vom Computerspiel, kann es am Freitag (sowieso ein günstiger Tag) gern drei Stunden spielen.

Drei Stunden kommt Ihnen jetzt ziemlich viel vor, aber keine Angst: Bereits nach wenigen Wochen hat das Kind die Lust am Computerspiel verloren. Es löst das Guthabenkonto gar nicht mehr ein. Wichtig ist nur, dass Sie am Anfang knallhart und unerbittlich nach Ablauf der vereinbarten Zeit den Stecker ziehen (übrigens bitte nicht ohne Vorwarnung, denn zwischenspeichern sollte das Kind noch dürfen).

53. Was ist mit den gefährlichen Ballerspielen?

Alle Amokläufer der letzten Jahre waren Fans von Ego-Shootern, den mörderischen Fantasy-Ballerspielen im Internet. Aber Sie wissen ja auch (aus der vorigen Antwort), dass weit über 99,9 Prozent aller Ballerspiel-Fans niemals zu Amokläufern werden. Insofern sind Sie nun genauso schlau wie vorher. Falls es Sie tröstet: das sind die Wissenschaftler auch. Was wirklich im Gehirn passiert, wenn ein Jugendlicher langfristig und sehr zeitaufwändig virtuelle Gegner zerstückelt, erschießt, atomisiert oder erschlägt, das ist bisher kaum erforscht. Und es weiß auch niemand, ob und wie weit die Hemmschwelle im »real life« durch das gezielte Killen in der virtuellen Welt tatsächlich herabgesetzt wird.

Zwar ist inzwischen nachgewiesen, dass Ballerspiele einen ähnlichen Effekt auf junge Leute haben wie Spezial-Videos der US-Army, mit denen bei Soldaten die Tötungsbereitschaft erhöht und das Mitleidsempfinden herabgesetzt werden soll. Aber wird sich Ihr Kind, das Sie doch so gut kennen, eine Waffe besorgen und Menschen töten, nur weil es regelmäßig *Counterstrike* oder *World of Warcraft* spielt? War nicht der Amokläufer von Winnenden Mitglied in mehreren Sportvereinen und leidenschaftlicher Tischtennisspieler? Machen nicht alle Jugendlichen heutzutage so eine Phase durch, wo sie sich am Computer abreagieren? Soll man ihnen denn alles verbieten? Und was bringt ein Verbot überhaupt, wenn der Nachbarsjunge so etwas spielen darf? Dann geht der eigene Sohn eben dorthin, und man hat gar keine Kontrolle mehr. Er kann ja auch sagen, dass er zu einem Computerschachmarathon geht, und dann ballert er 24 Stunden nonstop den Gegnern das Gehirn aus dem Kopf – wie soll man das denn kontrollieren?

Und wo ist eigentlich der Unterschied zwischen dem Indianerspiel aus unserer Kindheit, wo wir die Gegner am Marterpfahl quasi doch auch »virtuell« geröstet haben, und den Computer-Ballerspielen von heute? Was ist mit der teilweise unglaublichen Brutalität in »Grimms Märchen«, die man schon Vierjährigen erzählt und die keinesfalls im Verdacht stehen, Amokläufe auszulösen? Braucht das Kind nicht diese Abreaktion durch gefühlte Aggression? Gehört das nicht zur natürlichen Entwicklung?

Das sind Fragen, die sich alle Mütter stellen, und zwar zu Recht. Antworten gibt es nicht. Die Politiker haben nach den 16 Toten von Winnenden im März 2009 so dramatisch hilflos reagiert, wie es der Sachlage durchaus entspricht: Wo man nichts weiß, kann man auch nichts empfehlen. Waffen verbieten? Kein Weg, weil Schützen- so wie andere Vereine zu unserer Kultur gehören. Waffen aus Privathaushalten verbannen? Auch kein Weg, weil man dann Waffendepots in Vereinshäusern schafft. Waffen zugangssicher machen? Nicht durchsetzbar, weil Kontrollmöglichkeiten fehlen. Außerdem gibt es ausreichend Gesetze und staatliche Kontrollmechanismen zur Durchsetzung eines relativ sicheren und risikofreien Umgangs mit Waffen in legalem Privatbesitz. Ego-Shooter erst ab 18 verkaufen? Da lacht sich jeder 16-Jährige kaputt, denn schon heute weiß er hundert Tricks, um die Kassiererin an der Media-Markt- oder Saturn-Kasse zu überlisten. Für fünf Euro nimmt jeder zweite 18-Jährige das Ballerspiel auf seinen Perso mit durch die Kasse!

Es gibt also keine Lösung des Problems, und es gibt keine Antworten auf die elterlichen Fragen. Es gibt aber einen bescheidenen Denkansatz: Je enger Ihr Draht zum Kind ist, desto eher werden Sie seine Fehlentwicklung – wenn sie denn stattfinden sollte – mitbekommen. Wie Sie aber den verdammt schmalen Grat zwischen der notwendigen Abnabelung, der natürlichen Abgrenzung und der hormonell bedingten Einigelung Ihres Kindes während der Pubertät auf der einen und der Bindung an Ihr Kind auf der anderen Seite hinkriegen sollen, das nimmt Ihnen kein Experte ab. Da sind Sie ganz allein auf sich gestellt und als Elternteil auch sehr einsam.

Den Eltern von Tim, der 15 Menschen und sich selbst tötete, gehört wohl das Mitgefühl aller Eltern. Denn niemand kann in die Seele seines Kindes schauen.

54. Kann mein Kind computersüchtig werden?

Von Jugendlichen und leider auch von vielen Vätern als typische Frage einer überängstlichen Mutter abgetan, wird sie doch vollkommen zu Recht gestellt und ist auch Gegenstand von neuen wissenschaftlichen Untersuchungen. Die Antwort lautet nämlich: Ja, es gibt eine Computerspielsucht, die sogar exakt dieselben Symptome der Abhängigkeit aufweist wie Nikotin-, Alkohol- und Rauschgiftsucht. Die Krankenkassen akzeptieren Computerspielsucht noch nicht als Krankheit, zahlen demzufolge auch keine Therapien. Dennoch warten Abhängige in der Computerspielsucht-Ambulanz der Uni-Klinik Mainz, einem Pilotprojekt, vier Monate auf einen Therapieplatz.*

Laut einer Untersuchung des Kriminologischen Forschungsinstitutes Niedersachsen (KFN), für die insgesamt über 44 000 Jugendliche befragt wurden, gibt es allein im Jahrgang der 15-Jährigen über 14 000 Computerspielsüchtige. Am häufigsten spielen sie das weltweit über elf Millionen Mal verkaufte Ballerspiel *World of Warcraft (WoW)*, das widersinnigerweise ab zwölf Jahren freigegeben ist. In den kommenden Jahren wird die Zahl der spielsüchtigen Jugendlichen noch dramatisch ansteigen. Denn während im Jahr 2005 die Jugendlichen an Schultagen nur durchschnittlich 91 Minuten am Rechner saßen, waren es im Jahr 2008 bereits 130 Minuten. Fast jeder sechste männliche Jugendliche verbringt täglich mehr als viereinhalb Stunden am Computer.

Die Studie des KFN nennt noch alarmierendere Zahlen. Außer den weit über 14 000 Süchtigen in der Altersklasse der 15-Jäh-

---

* *Wer mehr zum Thema »Computerspielsucht« wissen möchte, besorgt sich den ausgezeichneten Bericht von Jürgen Dahlkamp (»Stoned vor dem Schirm«), erschienen im SPIEGEL 12/2009, Seiten 48 ff.*

rigen müssen nämlich noch 23 600 weitere desselben Jahrgangs als »stark gefährdet« eingestuft werden – und zwar exakt nach den Kriterien, die Mediziner für die Erkennung von Alkohol- oder Heroinsucht anwenden.

Jugendliche, die extrem viel Zeit am Computer verbringen, sind deutlich schlechter in der Schule als ihre Altersgenossen ohne Suchtpotenzial. Süchtige oder Fast-Süchtige schwänzen aber noch einmal doppelt so oft den Unterricht wie die »Nur-viel-Spieler«. Und sie denken fünfmal so oft an Selbstmord wie Jugendliche, denen Computerspiele eher egal sind.

Trotz dieser schlimmen Zahlen wird natürlich nur ein kleiner Prozentsatz der jungen Computerspieler irgendwann davon abhängig: Die überwiegende Mehrheit findet den Absprung von selbst. Das gilt auch für *WoW*, das Spiel mit der höchsten Abhängigkeitsquote. Eine schwedische Jugendhilfestiftung nannte es kürzlich das »Kokain der Computerspielewelt«. Der Durchschnitts-*WoW*-Spieler sitzt täglich fast vier Stunden vor dem Monitor und kämpft gegen finstere Monster, ist Mitglied einer Gilde oder einer Armee, hat 24 Stunden am Tag Mitspieler in allen Teilen der Welt, und – das macht gerade dieses Spiel so gefährlich und verlockend – er kann nur unter die Besten kommen, wenn er täglich mehrere Stunden online ist.

Also nur ein kleiner Prozentsatz wird süchtig: Wissenschaftler sprechen von circa drei Prozent, wenn man alle Computerspiele zusammen betrachtet, wobei es gefährliche Ausreißer nach oben gibt. Bei *WoW* gelten stattliche 20 Prozent der Spieler als süchtig oder gefährdet. Haben diese Computerspielsüchtigen denn nicht wenigstens etwas anderes gemeinsam, sodass man sie frühzeitig als suchtgefährdet erkennen kann?

Nach Ansicht der Wissenschaftler gibt es solche Gemeinsamkeiten, und sie erinnern fatal an diejenigen Eigenschaften bzw. Charaktermerkmale und sozialen Defizite, die jugendlichen

Amokläufern nachgesagt werden. Computerspielsüchtige empfinden sich im »real life« als erfolglos und hintenan gesetzt. Sie bilanzieren ihr junges Leben eher negativ und sehen keine klare Perspektive für Glück und Erfolg. Sie verschließen sich ihrer Umwelt gegenüber, sprechen also weniger über ihre Gefühle als andere Gleichaltrige. Sie haben in der Regel keine oder nur sehr wenige Freunde. Überdurchschnittlich viele kommen aus Familien, in denen geschlagen wird (bei Kindern von Prügel-Eltern verdreifacht sich das Suchtrisiko).

Es ist also fragwürdig oder sogar falsch, wenn man bisweilen hört: »Ballerspiele machen anfällig für Amokläufe.« Richtig wäre es so: »Extreme Ballerspieler und Amokläufer haben viele gemeinsame soziale Defekte, unter denen sie bereits vorher stark gelitten haben.« Und das ist auch der Grund, warum nahezu 100 Prozent aller Amokläufer vor ihrer Tat *Counter-Strike-* oder *WoW*-Fans gewesen sind.

Und um gleich mit einem weiteren Vorurteil aufzuräumen: Die Medien berichten immer so viel über Ballerspiele. Es gibt aber auch eine Sucht nach Spielen, die vollkommen harmlos sind. Die Sucht hingegen ist nicht harmlos. Es gibt Jugendliche, die bis zu sieben Stunden am Tag Formel 1 fahren oder im Computerspiel ihren eigenen kleinen Staat aufbauen. Sie leben nun nur noch in ihrer eigenen Welt, ernähren sich schlecht oder ungesund, lassen in der Schule nach und sind so gut wie nicht mehr ansprechbar. In immer mehr Kliniken gibt es deshalb sogenannte »Medienambulanzen«: Hier werden Kinder und Jugendliche behandelt, die unter »multipler Medienabhängigkeit« leiden. Mehr darüber erfahren Sie im Internet.*

---

* *Zum Beispiel unter www.onlinesucht.de*

55. Bin ich eine gute Mutter?

Da »nobody perfect« ist, quält sich jede Mutter mit ihrem schlechten Gewissen herum, denn das ist nun wirklich typisch Frau: Auf eine positive Erinnerung, die sie im Gedächtnis behält, kommen neun negative, die sie garantiert nicht mehr vergisst. Eine Frau kann so ungefähr alle Erziehungskrisen aufzählen, in denen sie ihrer Meinung nach gründlich versagt hat. Aber wenn Sohn oder Tochter, inzwischen fast erwachsen, mit strahlenden Augen von ihrer schönen Kindheit erzählen, dann ist die Mutter höchst überrascht. Sie hat nämlich vorwiegend ihre eigenen Schwächen im Kopf behalten, aber nicht so sehr die vielen kleinen mütterlichen Erfolgserlebnisse.

Das ist ungefähr so, als wenn sie sich über ein abrasiertes Barthaar ihres Mannes im Waschbecken ärgert: Dass er heute 110 Barthaare sorgsam weggespült hat, sieht sie nicht. Nur dieses eine 111. Haar, das er übersehen hat, das, genau das sticht ihr ins Auge. Ebenso ungerecht ist sie auch zu sich selbst. Überkritisch ist sie und von dem Gedanken beseelt, dass sie niemals so perfekt sein wird, wie sie es gerne wäre. Sie erinnert sich noch genau daran, wie sie damals, als das Kind neun Jahre war, einmal ungerechtfertigterweise aus der Haut gefahren ist und das Kind übel beschimpft hat, obwohl es gar nichts Schlimmes gemacht hatte. Sie weiß noch, wie ihr einmal die Hand ausgerutscht ist, und das tut ihr heute noch weh. Das Kind hat alles längst vergessen und erinnert sich allenfalls noch daran, dass es damals selbst ein richtiges Ekel gewesen sein muss. Groll auf die Mutter empfindet es jedenfalls nicht.

Was nun eine gute Mutter ausmacht, kann man zwar mit vielen Klischees endlos breittreten. Man kann von der richtigen Mischung aus Liebe und Strenge erzählen, von Vorbildfunktion oder von der Fähigkeit, einem Kind richtig zuzuhören und immer für es da zu sein. Da das aber jede Mutter ohnehin weiß, lassen wir es einfach weg. Die richtige Antwort auf die hier gestellte Frage heißt wohl: Wenn Sie es immer so gut gemacht haben, wie Sie es eben konnten, dann sind und waren Sie eine gute Mutter. Und dann müssen Sie sich rückblickend auch kein schlechtes Gewissen einreden.

Aber auf ihr eigenes schlechtes Gewissen zu verzichten, das fällt jeder Frau unheimlich schwer.

6. Kapitel

ERST LESEN, DANN HEIRATEN

56. Hält unser Glück ewig?

Kurzantwort gefällig? Bitte schön: Nein, euer Glück hält nicht ewig. Aber wenn ihr Glück habt, dann wird euer jetziges Glück durch ein anderes Glück ersetzt. So, und nun die etwas längere Fassung!

Erst fehlt dir zum Glück noch der passende Partner, die passende Partnerin. Dann fehlt zum Glück noch die richtige Wohnung für euch beide. Danach fehlt euch zum Glück noch ein Kind. Das Glück wäre perfekt, wenn das Kind sich auch noch prima entwickelt. Jetzt wäre es ein Glück, wenn man auch noch genug Geld für alle hätte. Irgendwo, am Ende dieser doch recht anspruchsvollen Liste, da muss das Glück sein. Man hat es fast schon in der Hand. Man hält es fast schon fest. Aber eben leider nur fast.

Die meisten Paare machen am Anfang einen Fehler, der sich bitter rächen kann: Beim Streben nach immer mehr Glück vergessen sie, womit das Glück eigentlich angefangen hat. Nämlich mit ihnen beiden. Sie haben immer ein neues Ziel und streben danach, es zu erreichen. Aber dabei vergessen sie sich selbst.

Die junge Mutter ist so mit ihrem Kind beschäftigt und womöglich auch noch mit der Frage, wie sie so schnell wie möglich in ihren Beruf zurückkehren kann, dass sie über die Liebe zu ihrem Mann eigentlich nicht mehr so sehr nachdenkt wie früher.

Der Mann ist vollauf damit beschäftigt, gleichzeitig ein guter Vater und ein unentbehrlicher Mitarbeiter seines Chefs zu sein, und denkt auch nicht mehr so sehr darüber nach, wie er die Liebe zu seiner Frau frisch halten könnte. Das Kind ist sowieso egoistisch und denkt nur an sich selbst, was natürlich sein gutes Recht ist. Ja: Mann und Frau vergessen sich selbst. Das ist gefährlich. Das ist vielleicht sogar Scheidungsgrund Nummer eins!

»Ich stelle mir die Familie wie ein Haus vor, auf das nach und nach immer ein neues Geschoss obendrauf gebaut wird«, sagt eine weise Hausfrau in einer unserer Gesprächsrunden. »Es soll am Ende ein richtiges Schloss werden. Mühsam arbeitet man nun schon an der dritten Etage, als plötzlich Wassereinbruch im Keller ist. Alle sagen: Dazu haben wir jetzt keine Zeit! Wir bauen doch gerade den dritten Stock! Aber im Fundament rotten die Steine durch, und einige Jahre später bricht das Haus zusammen. Weil sich leider niemand um das Fundament gekümmert hat. Das Fundament einer Familie sind immer noch und auf Dauer und auf Ewigkeit zwei Personen, die sich einmal sehr geliebt haben müssen: Mann und Frau.«

Nach diesen Worten herrschte einen Moment ergriffenes Schweigen. Dann sagte eine andere Frau: »Schreiben Sie das auf, Hauke. Genau so muss es in Ihr Buch hinein.«

Kein Paar auf der ganzen Welt ist 20, 30 oder gar 50 Jahre lang so frisch verliebt wie in der ersten Kennenlern-Phase. Das ist eine Binsenweisheit. Aber wie man es schaffen könnte, an die Stelle des »ersten« Glücks immer wieder ein neues Glück zu setzen, wie man also die Liebe buchstäblich frisch hält, darüber machen sich zu wenige Paare wirklich ernsthaft Gedanken. Und statt ihr Glück zu genießen, rennen sie ihm immerzu hinterher.

57. Was ändert sich, wenn wir ein Kind haben?

Noch eine Kurzantwort gefällig? Bitte schön: Alles wird sich ändern. So, und nun wieder die etwas längere Fassung!

Mann und Frau freuen sich riesig darüber, dass es geklappt hat. SIE ist schwanger. ER ist genauso glücklich. In den nächsten Monaten behandelt er sie manchmal so, als wenn sie krank wäre. Sie möchte das nicht. Aber noch gibt es kein Problem, denn sie versteht ihn ja und liebt ihn auch wegen seiner Fürsorglichkeit. Und wie stolz er ist! Jetzt gibt es eine Menge zu tun. Da muss ein Kinderzimmer her, das will auch möbliert sein, der werdende Vater möchte natürlich ebenso viel Anteil am Kind haben wie die werdende Mutter, also muss auch Erziehungsurlaub bzw. Elternzeit ins Auge gefasst werden und und und: Da kommt man gar nicht zu sich selbst. Man ist voll im Stress.

Nun wird es langsam ernst, das heißt, der Bauch wird runder. Gehen wir mal davon aus, dass die Schwangerschaft ohne Probleme verläuft. Groß ist die Liebe, alles ist gut. Eine fast schon verdächtige Harmonie herrscht in der Beziehung. Doch mit der Geburt ändert sich alles.

Erklären wir das mal mit einem Beispiel: Schreiben Sie auf ein Blatt Papier ein M, ein F und ein K. Machen Sie um M (wie »Mann«) und um F (wie »Frau«) einen dicken Kreis. So ist das bis zur Geburt. Sozusagen »vorher«. Machen Sie nun einen zweiten Kreis um F und K (wie »Kind«). Das M bleibt dieses Mal außen vor. So ist das nach der Geburt. Die Kunst besteht nun in einem dritten Kreis, in dem sich M, F und K befinden. Aber da muss man erst mal hinkommen. Leicht ist das nicht.

Ab der Geburt steht der Mann erst einmal total außen vor, und das kann er nicht begreifen, weil es ihm keiner gesagt hat. Er hat zwar hecheln gelernt und seiner Frau in der Schwangeren-Selbsterfahrungsgruppe in die Vagina gehustet (echt! So was gibt es heutzutage!), aber dass er mit dem Zeitpunkt der Geburt erst einmal abgemeldet ist, das hat man ihm leider verschwiegen. Kaum ist die Familie eine richtige Familie, da geht es schon los mit den Problemen. Er fühlt sich zurückgesetzt und macht eine winzige Bemerkung deswegen. Sie ist sowieso seit der Geburt extrem reizbar und fängt bei der geringsten Kleinigkeit an zu weinen. Das Baby hat Hunger, oder man muss sich ernsthafte Sorgen machen, die natürlich längst nicht so schlimm sind, wie man das empfindet. Sondern eigentlich ist alles normal. Die Sorgen belasten die Frau womöglich mehr als ihren Mann, der zu Gelassenheit rät. Sie hält ihren Mann deswegen für herz- und verantwortungslos und hat schon wieder einen Grund zum Weinen. Er fühlt sich dadurch nun auch persönlich angegriffen und reagiert entsprechend und – können Sie sich vorstellen, wie sich diese Spirale weiterdreht?

Das war aber nur die Geburt bzw. das waren die Wochen danach. Zu Hause gibt es mindestens so viel Gelegenheit, Stress zu kriegen. Die Nächte sind zumindest für einen der beiden sehr kurz. Schlaflosigkeit macht reizbar. Das sanfte Atmen des Partners, der nicht einmal aufgewacht ist vom Schreien des hungrigen Babys, macht äußerst missgünstig und aggressiv. Viele Frauen haben nach der Geburt Schwierigkeiten damit, Sex zu haben (was viele Männer nicht verstehen); es gibt aber auch viele Männer, die nach der Geburt Schwierigkeiten mit Sex haben (was viele Frauen nun absolut nicht verstehen können). Das Geld ist knapper, als man das gedacht hatte. Einer möchte gern auf Billig-Windeln vom Discounter umsteigen, aber der andere verweist trotzig auf mangelnde Saugfähigkeit und besteht auf dem »Rolls-Royce unter den Windeln«. ER hält das Kind angeblich falsch auf dem Arm und wird deswegen kritisiert, was ihn nervt. SIE springt beim leisesten Geräusch aus dem Kinderzimmer auf, was er kritisiert, und das nervt sie. Oje! Sollte man denn angesichts dieser katastrophalen Perspektiven überhaupt noch Kinder in die Welt setzen?

Ja, man sollte. Aber man sollte sich vorher darüber klar sein, was da auf das junge Glück zukommt. »Vater werden ist nicht schwer, Vater sein dagegen sehr ...«

58. Sollten wir uns ein Haus bauen?

Vieles spricht ja dafür. Man hat dann etwas, was man den Kindern später einmal vererben kann, nicht wahr? So ein eigenes Haus ist auch ein Symbol für Beständigkeit, Liebe, Treue und Solidität.

Viele junge Familien glauben: Wenn wir ein Haus haben, dann ist das unser. Es ist eine Burg. Unterschwellig spielt dabei auch der Gedanke mit: Es ist eine Burg für unsere Beziehung. Leider falsch gedacht! Das Haus gehört in den nächsten 30 Jahren der Bank. Wenn eine Beziehung wackelt, dann wird sie das Haus nicht retten. Den Kindern ist es absolut egal, ob sie später einmal ein inzwischen ziemlich verkommenes und absolut veraltetes Reihenhaus erben. Und eine Burg ist ein Haus schon mal gar nicht: Es ist eine verdammte Belastung. Deshalb heißt die Antwort: Im Zweifelsfall lieber nicht bauen.

Mobilität ist das Stichwort. Heute zieht der Mann nicht mehr in den Krieg, sondern er zieht der Arbeit hinterher. Man weiß nicht, was kommt. Aber man ahnt, dass alles noch viel schlimmer kommen kann. Natürlich ist es ein schönes Gefühl, wenn man in den eigenen vier Wänden wohnt. Aber niemand, wirklich niemand kann heute noch sicher sein, dass er in ein paar Jahren noch denselben Job hat wie heute. Und deshalb ist es eigentlich unvernünftig, sich ein Haus zu bauen – es sei denn, man ist so gut betucht (oder von den Eltern mit so viel Geld versorgt), dass man einfach bauen muss.

Die junge Familie T., zwei kleine Kinder, nicht schlecht verdienend, hat sich ein Haus mit 130 Quadratmeter Wohnfläche in Norderstedt bei Hamburg gebaut. Es war an sich ein guter Plan. Was sie an Miete hätten zahlen müssen und nur einige hundert Euro mehr, das investierten sie nun in ihr Haus. Sie hatten einen

Garten und eine Kita in der Nachbarschaft, und zur Arbeit konnte der Mann mit der Bahn fahren. Solange er Arbeit hatte.

Als die Finanzkrise auch in Norderstedt anklopfte, musste Herr T. sich nach einer neuen Arbeit umsehen. Er fand sie in Brandenburg. Doch gab es da ein Problem: das Haus. Es zu verkaufen war wegen derselben Finanzkrise, die ihn den Job gekostet hatte, nicht so leicht. Es war sogar fast unmöglich. Eine Wochenend-Ehe hätte die Familie T. schweren Herzens akzeptiert, allerdings fehlte das Geld für eine Zweitwohnung am neuen Arbeitsplatz. Auch die Fahrtkosten zwischen Norderstedt und Brandenburg waren nicht zu finanzieren. Das Haus war nun ein Klotz am Bein der Familie T. Als Folge dieses Problems kam es zu heftigen Auseinandersetzungen zwischen den Eheleuten, die zur Zeit noch andauern. Gut sieht es für ihre Ehe nicht aus.

Sicher gibt es viele solche Beispiele und ebenso viele Beispiele, die das Gegenteil beweisen. Tatsache ist aber, dass eine junge Familie heute nicht mehr damit rechnen kann, dass irgendetwas in ihrem Leben konstant und auf Jahrzehnte so bleibt, wie es ist.

59. Was spricht heute noch für die Ehe?

Sehr viel! Es ist doch ein wunderbares Fest. Alle sehen, dass man nun für immer zueinander gehört. Und alle feiern es mit dem glücklichen Paar. Es gibt nichts Schöneres als eine strahlende Braut. Die Ehe besiegelt die Liebe. Und erst die vielen schönen Fotos, die man hinterher ins Album einkleben kann! Oder wenigstens auf dem Computer speichern. Ach, und dann der Antrag! Wie romantisch! Und die ganzen Vorbereitungen! Und dann in der Kirche, wenn man da als Braut reingeführt wird und alle weinen vor Rührung! Und hinterher den Brautstrauß werfen, wer wird ihn wohl fangen? Also, man sollte heiraten, ganz ehrlich. Mindestens einmal. Am besten mehrmals. Es ist einfach zu schön. Und Steuern spart man auch noch, wenn einer viel und einer wenig verdient.

In Großstädten scheitert fast jede zweite Ehe, bundesweit jede dritte. Scheidungen sind der Hauptgrund, warum immer mehr Männer in den Ruin getrieben oder mindestens an den Rand der Zahlungsunfähigkeit gebracht werden. Bei neun von zehn Obdachlosen begann das persönliche Lebensdrama mit einer Scheidung.

In vielen Schulen sind Kinder in der Minderheit, die noch dieselben Eltern zu Hause haben wie bei ihrer Geburt. Es stört überhaupt niemanden, wenn der Papa anders heißt als die Mama. Als Versorgungsinstrument für Mütter taugt die Ehe seit 2009 auch nicht mehr; die müssen neuerdings wieder frühzeitig arbeiten gehen. Unverheiratete Paare bekommen genauso leicht oder schwer die passende Wohnung wie verheiratete. Vermietern ist der Trauschein nämlich herzlich egal. Die Ehe ist ein Auslaufmodell: allen Beteuerungen der Politiker zum Trotz, aber auch was die soziale Akzeptanz angeht. Trotzdem heiraten die jungen

Leute wie verrückt. Und warum tun die das? Siehe oben: weil es eben so schööön ist.

Ja, und was ist dabei? Ist das nicht ein vollkommen ausreichender Grund? »Die Hoffnung stirbt zuletzt«, sagt man. Und das ist gut so. Die Hoffnung darauf, dass man sich richtig entschieden hat, ist auch ein gesellschaftlicher Motor, ein Mutmacher, eine soziale Vitaminpille. Wenn wir nicht mehr an die große Liebe glauben und wenn wir in Bindungsfragen ängstlich werden, dann glauben wir auch nicht mehr an unsere anderen großen Werte. Dann verkommt die Liebe zum Rechenexempel. Die Ehe ist sicher nicht mehr mit Vernunftgründen zu rechtfertigen, aber andererseits: War sie das denn jemals? Hat irgendeine Frau geheiratet, weil sie »versorgt« sein wollte? (Na ja, das lassen wir jetzt mal beiseite.) Die Ehe ist jedenfalls das Symbol für den Glauben an die unendlich währende Liebe, und diesen Glauben müssen wir uns bewahren, weil wir sonst einpacken können. Also heiratet, Leute. Möglichst romantisch, möglichst teuer, möglichst schön und möglichst oft.

60. Soll man als Mann die Elternzeit nehmen?

Da wächst eine ganz neue Generation von Vätern heran, die Karriere und Kinder unter einen Hut bringen möchte. Das funktioniert gut. Zwar ist nicht jeder Arbeitgeber davon begeistert. Aber weil die Rechtslage klar ist, können sich die meisten jungen Väter mit ihrem Wunsch auf eine Auszeit für die Kinder durchsetzen.

Von Elternzeit und Elterngeld machen immer mehr Familien Gebrauch. Sie können sich die maximal drei Jahre teilen, oder ein Partner nimmt sie in Anspruch (für Väter ist allerdings nach zwölf Monaten Schluss). Danach haben beide oder einer, je nachdem, Anspruch auf den alten Arbeitsplatz oder wenigstens einen vergleichbaren. Die Höhe des Elterngeldes richtet sich nach dem letzten Einkommen. Die Obergrenze liegt bei 1800 Euro. »Schon jeder fünfte Vater bleibt fürs Kind zu Hause«, meldete die Hamburg-Ausgabe der BILD-Zeitung im März 2009 und zitierte Väter, die es gemacht haben: »Mein Kind und ich haben seitdem ein sehr intensives Verhältnis, und meine Frau kann sich in ihrem Job weiterentwickeln ...«, »Ich kann mir nichts Besseres vorstellen ...«, »Durchweg positive Reaktionen, vor allem die Flexibilität meines Arbeitgebers hat mich beeindruckt ...«

Bei so viel Begeisterung ergibt sich die Antwort auf diese Frage ja von selbst. Informationen übers Elterngeld gibt es im Internet.[*] Übrigens ist die väterliche Auszeit ein echter Trend: In Hamburg beantragten im Jahr 2006 nur 3,5 Prozent der Väter eine Elternzeit – im ersten Quartal 2008 waren es schon 19 Prozent.[**]

---

[*] *zum Beispiel unter www.vaeter.de*
[**] *Zu unterscheiden ist zwischen der Elternzeit (die es schon länger gibt) und dem Elterngeld (das 2007 eingeführt wurde).*

61. Sind Einzelkinder unglücklich?

Unglücklich sind Kinder mit Eltern, die sich streiten. Zwar werden sich Einzelkinder immer danach sehnen, Geschwister zu haben. Aber ihre Altersgenossen, die Geschwister haben, wünschen sich nichts so sehr, als Einzelkinder zu sein. Insofern nimmt es sich nichts. Einzelkinder brauchen aber natürlich erheblich mehr soziale Kontakte als andere Kinder, damit sie nicht zu kleinen egoistischen Monstern heranwachsen. Für Einzelkinder gilt deshalb, und das bestätigen alle Eltern: So früh wie möglich in die Krippe oder in den Kindergarten (es muss ja nicht gleich ganztags sein), so viel wie möglich bei Freunden übernachten lassen und möglichst wenig »betütern«, wie man im Norden sagt, ein anderes Wort für umsorgen und beschützen.

Lassen Sie Ihr Einzelkind früh los und eigene Entscheidungen treffen! Es muss soziale Kompetenz lernen, die Geschwisterkinder sich gegenseitig beibringen. Einzelkinder sind stärker auf Vater oder Mutter fixiert als andere, die einfach mehr Auswahl innerhalb der Familie haben. Einzelkinder möchten häufiger als Geschwisterkinder genauso werden, wie ihre Eltern sind; aber sie lehnen auch häufiger ihre Eltern für einige schwierige Jahre total ab. Trotzdem müssen sie nicht unglücklich sein. Kein Erwachsener muss ein schlechtes Gewissen haben, weil er es bei einem Kind belässt. Nur muss man eben frühzeitig erkennen, dass ein Einzelkind ganz anders heranwächst als ein Geschwisterkind.

Wenn Einzelkinder aber unglücklich werden, liegt es sehr oft an den Eltern. Auch die haben weniger Auswahl. Wenn es zum Beispiel darum geht, wer später einmal die Firma übernehmen wird, neigen viele Eltern dazu, all ihre Hoffnungen in dieses eine Kind zu setzen. In ein Kind, das diesen Erwartungen vielleicht gar nicht gewachsen ist und keine Möglichkeit hat, ein eigenständiger Mensch mit eigenen Wünschen zu werden. Da ist dann schon viel vorprogrammiert: Drei Generationen ist die Bäckerei jetzt schon in Familienbesitz, jetzt kommt ein Erbe, und der will ausgerechnet Musiklehrer werden? Warum nicht Bäcker? Was hat man nur falsch gemacht? Liebe Eltern: Wichtiger als der Fortbestand der Bäckerei ist, dass euer Kind glücklich wird. Verkauft den Laden und zieht nach Malle. Dieses Land braucht mehr Musiklehrer als Bäcker.

62. Sind sich Geschwister eigentlich ähnlich?

Das kann man sich gleich abschminken. Ein Erziehungsrezept haben und das ganz entspannt auf alle Kinder anwenden? Vergessen Sie's! Denken Sie nicht einmal daran! Sie werden sehr schnell feststellen, dass zwar Ihr gesamtes Umfeld Kinder hat, die sich allesamt ebenso (gut) entwickeln. Ja, die sind sich total ähnlich! Man sieht es gleich, dass die Geschwister sind! Nur Sie selbst haben blöderweise total unterschiedliche Kinder. Darauf können Sie jetzt schon wetten, obwohl die noch gar nicht geboren sind. Diese Tatsache macht Erziehung nicht unbedingt leichter. In Ihrer Familie braucht jeder eine Extrawurst.

Sie werden das rasch feststellen und die Kinder mit entsprechenden Typisierungen versehen. Da gibt es den Träumer, und sein Bruder ist der Macher. Da gibt es den Kasper, und seine Schwester ist die Melancholische. Oder es gibt eine Diva, eine Launische, einen Kämpfer, einen Kuscheltyp, einen Rambo. Sehr viele Jahre werden Ihre Kinder dann mit dem Versuch beschäftigt sein, genau dieses Image, das Sie ihnen verpasst haben, wieder loszuwerden! Denken Sie mal darüber nach, wenn Sie jemandem Ihr Kind beschreiben. Sie drücken es nämlich automatisch in ein Schema hinein, dem das Kind dann auch gerecht werden möchte, oder Sie machen das Schema dem Kind so sehr verhasst, dass es alles gern wäre – nur nicht das, was Sie in ihm gesehen haben.

63. Sind »Hausfrauen-Qualitäten« in einer jungen Familie noch gefragt?

Mehr denn je. Denn die klassische Hausfrau kann ja nicht nur kochen, sondern sie kann auch sparen. Genau das liebt der junge Familienvater von heute, weil er nämlich verdammt viel Angst um seinen Job haben muss und deshalb darauf aus ist, dass die Kohle zusammengehalten wird. Es ist schon wirklich sehr erstaunlich, wie sehr junge Väter die Qualitäten ihrer Großmütter wieder zu schätzen wissen. Einer erzählte uns stolz von seiner Frau, die für 1,50 Euro eine riesige Steckrübe beim Bauern gekauft und daraus einen leckeren Eintopf gekocht habe, der so nahrhaft gewesen sei, dass sie noch vier Portionen eingefroren habe. Steckrüben! Das Arme-Leute-Essen der Nachkriegszeit! Heute findet man es auf den Speisekarten der feinsten Restaurants wieder.[*]

Was gibt es denn noch für Hausfrauen-Qualitäten? Alles, was man von Oma lernen kann. Zum Beispiel, wie man Flecken rauskriegt, ohne die Bluse zu ruinieren. Wie man Lebensmittel haltbar macht, sodass die Haushaltskosten sinken. Wie man ohne Chemie die Fliesen zum Glänzen kriegt, ist klimatechnisch sehr en vogue. Oder man kocht was ein: Holunderbeeren gibt es in der Feldmark genug, und das gibt guten nahrhaften Saft für die kalten Monate. Man kann auch einen Schuss Rum hineintun. Aber welche Frau kann denn heute noch einkochen?

Man soll sich da nicht täuschen: Es gibt immer mehr junge Frauen, die (sicher auch aus finanzieller Not heraus) die guten alten Hausfrauen-Qualitäten wieder ganz neu für sich entdecken. Männer finden das durchweg toll. Frauen, die von sich selbst

---

[*] *http://www.marions-kochbuch.de/index/1243.htm – schöne Steckrüben-Rezepte zum Nachkochen.*

sagen, dass sie keinerlei hausfrauliche Qualitäten besitzen, sind eindeutig Auslaufmodelle.

Das ist ein Trend, der noch keine zehn Jahre alt ist. Noch bei der Produktion des Bestsellers »Wie Frauen ticken« waren Hausfrauen-Qualitäten einfach kein Thema. Heute zählt die Hausfrau wieder was. Im doppelten Wortsinn. Sie zählt wieder was – und sie »zählt« wieder was, nämlich das dank ihrer Hausfrauen-Qualitäten gesparte Geld. Und das ist knapp wie nie.

64. Wird die Ehe meinen Partner verändern?

Ja. Er wird cholerisch, faul, launisch, nachlässig, lieblos, legt keinen Wert mehr auf Körperpflege, lässt sich also gehen, wird missgelaunt, tyrannisch, egozentrisch, läuft unrasiert durch die Wohnung, spricht nicht mehr, hört nicht mehr zu, hält alles für selbstverständlich, grantelt herum, verbreitet schlechte Laune, wird besserwisserisch, zynisch und ungerecht, kostet seine Wehwehchen aus, trinkt zu viel, bemitleidet sich selbst, scheucht die Kinder herum, schraubt seine Erwartungen immer höher, man kann ihm nichts recht machen, er mischt sich überall ein, kurzum: Er wird ein richtiges Arschloch, das nachts auch noch schnarcht. Ja, summa summarum: Die Ehe wird den Partner verändern. Natürlich nicht nur so negativ, wie hier beschrieben – aber eben auch so, oder jedenfalls fast so.

Der Mann als solcher wird auch ein liebevoller Vater und ein treusorgender Ehemann sein, er wird neue Verantwortung zu übernehmen lernen, es wird schön sein, mit ihm zu leben, und die Ehe wird ein Leben lang halten. Versprochen. Denn man hat ja keinen x-beliebigen Mann geheiratet, sondern den ganz besonderen Mann. Der keinem Klischee entspricht, nicht wahr?

Es gibt nur ein winziges Problem: Das glauben alle Frauen, wenn sie heiraten. Und gefühlt jede Zweite wird es bitter bereuen.

65. Was mache ich bei der ersten Ehekrise?

Nachgeben und verzeihen! Manche Eherezepte sind derart einfach, dass man von selbst gar nicht darauf kommt. Es gibt zwei Worte, die jede Ehekrise beenden. Die beiden Worte heißen: »Ja, Schatz.« Was Ihnen jetzt ein wenig platt oder sogar ziemlich dämlich vorkommt, ist gar nicht so blöd, wie es klingt. Überlegen Sie doch einmal, was Sie eigentlich wollen.

Sie sind frisch verheiratet und könnten Ihren Partner oder Ihre Partnerin zum ersten Mal so richtig kräftig an die Wand klatschen. Sie sind mit gutem Recht explodiert, es herrscht eisiges Schweigen, und dennoch brennt die Luft. Glücklich sind weder Sie noch der andere. Denn bisher herrschte ja eitel Frieden zwischen Ihnen beiden; eine Liebe war es, so süß wie Marzipan, mild wie der Frühling und harmonisch wie ein Orgelchoral von Bach. Zwischen Sie beide passte kein Blatt Papier. Sie hatten einen grandiosen Plan. Eine göttliche Idee. Und Sie waren auf dem besten Weg, sie auch zu verwirklichen. Bis dieser blöde Kerl mit seiner idiotischen Sturheit bzw. diese verzickte Tussi mit ihrer grässlichen Rechthaberei – also entweder Sie oder der andere – alles zerstört hat. Alles: den eitel Frieden, das süße Marzipan, den milden Frühling und den harmonischen Orgelchoral. Den grandiosen Plan und die göttliche Idee gleich noch mit. Und da sollen Sie nicht explodieren?

Sie haben jetzt zwei Möglichkeiten. Entweder versuchen Sie krampfhaft, Ihren Standpunkt durchzusetzen und den Partner gleichzeitig zu einem anderen Menschen zu machen. Nämlich zu einem Menschen, über den Sie sich künftig nicht mehr ärgern müssen. Oder Sie stellen fest, dass Sie eine bestimmte Charaktereigenschaft des Partners bisher offenbar im Überschwang der Gefühle übersehen haben. Eine Eigenschaft, die Sie durchaus nicht witzig finden. In diesem Fall werden Sie spontan und im Streit überhaupt nichts ändern; allenfalls werden Sie alles noch viel schlimmer machen. Lehnen Sie sich zurück, entspannen Sie sich, sagen sie »Ja, Schatz«, geben Sie nach und verzeihen Sie.

Was wollen Sie? Die erste echte Ehekrise so schnell wie möglich beenden und die gewohnte Harmonie wieder einziehen lassen? Oder möchten Sie jetzt gleich auf Krawall Ihren Partner klein machen und als Sieger dastehen? Nein, das möchten Sie nicht. Also …?

66. Was kann ich von unseren Eltern lernen?

Wie man eine Beziehung lange erhält und für ein wenigstens scheinbar glückliches Familienleben sorgt, das kann die heutige Generation der Jungverheirateten besser bei den Großeltern lernen*, denn schon die eigenen Eltern sind häufig ein flickiges Patchwork, das nicht unbedingt zum Vorbild taugt. »Der Mann meiner Mutter« ist längst nicht mehr zwangsläufig auch »mein Vater«.

Bei vielen Trauungen gibt es kein Eltern-Ehepaar mehr, das noch dasselbe ist wie bei der Geburt der Brautleute. Ihre Mutter kommt natürlich mit dem neuen Partner, ihr leiblicher Vater erscheint mit seiner dritten Ehefrau, der stolze Vater des Bräutigams bringt seine junge Freundin mit, die dessen Schwester sein könnte, und Mama hat seit einiger Zeit auch einen Neuen, was der Sohn nicht unbedingt witzig findet. Im Idealfall sind alle total zerstritten und reden eigentlich kein Wort miteinander, aber bei der Trauung der Kinder müssen sie natürlich so tun als ob, und das ist ausgesprochen witzig. Aber lernen kann man nicht unbedingt sehr viel davon.

Man sollte sich vielmehr überlegen, was genau die Stärken der mindestens vier einzelnen Persönlichkeiten sind, die sich da vorm Standesamt versammeln und gute Miene zum bösen Spiel machen müssen. Und von diesen spezifischen Stärken kann man natürlich lernen! Von der eigenen Mutter vielleicht die Gelassenheit im Umgang mit den Kindern, von der Schwiegermutter die Kochkunst, vom Schwiegervater die berufliche Durchsetzungskraft und vom eigenen Vater die Kunst, das Leben zu genießen. Da fällt Ihnen ganz bestimmt etwas ein. Abgucken, klauen,

---
* *Darauf kommen wir noch!*

gnadenlos kopieren und am Ende auch noch verfeinern, was man gelernt hat! Das ist übrigens auch im Sinne der Eltern. Denn die sehen ja den Sinn des eigenen Lebens darin, etwas an die nächste Generation weiterzugeben.

7. Kapitel

DIE KINDER SIND GROSS. UND NUN?

67. Wie kann man Ehe-Routine vermeiden?

Dieser Frage kann man mehr als ein Buchkapitel widmen. Man kann sogar ganze Bücher nur darüber schreiben. Die finden Sie in der Buchhandlung Ihres Vertrauens in dem Regal, wo »Partnerschaft und Beziehung« dransteht. Meine Buchhandlung zum Beispiel ist Thalia in der Große Bleichen dicht an der Hamburger Alster. Da sitze ich oft so rum und gucke, wer nach welchem Buch greift. Ich denke dann immer, dass es kein Zufall ist, wonach man in der Buchhandlung greift. Sondern wer sich für etwas Bestimmtes interessiert, der wird genau da drin herumblättern. Nun stelle ich aber fest, dass diese Beziehungsbücher fast nur von Frauen aus dem Regal genommen werden. Sie gucken total unauffällig, ob keiner guckt, und dann fischen sie Bücher mit Titeln wie »Nie wieder Ehe-Langweile« oder »So frischen Sie Ihre Liebe auf« aus dem Regal, setzen sich in eine dieser Leseecken, halten das Buch so, dass es keiner sehen kann, und fangen an, drin herumzublättern.

Aus dieser Beobachtung, aber auch aus vielen wissenschaftlichen Untersuchungen und Befragungen kann man getrost schließen, dass sich Frauen mehr Gedanken als Männer darüber machen, wie sie ihre Beziehung auffrischen können. Womit wir bereits beim ersten Problem wären. Männer widmen ihrer Beziehung grundsätzlich weniger Aufmerksamkeit als Frauen. Sie merken einfach weniger. Deshalb merken sie auch nicht, wenn in die Beziehung längst Routine eingezogen ist und sie deshalb ihrem nahen Ende entgegenschnarcht. Stellen Sie sich das Glück Ihrer Ehe wie ein kleines, schwankendes Boot auf einem reißenden, tückischen Fluss vor, und ganz in der Nähe lauert ein gefährlicher Wasserfall, der es erst in die Tiefe und dann in Stücke reißen könnte! Sie beide – Mann und Frau – sitzen in diesem

Boot, aber Sie haben leider ganz unterschiedliche Auffassungen von dem, was an Bord zu tun ist.

Sitzt der Mann am Ruder, so wird er selbst im Falle einer gefährlichen Kursabweichung erst mal eine Flasche Bier aufmachen, die Beine hochlegen und murmeln, dass er alles im Griff habe und die Frau sich nicht so anstellen solle. Bis das Boot bereits mit dem Bug über dem Wasserfall schwebt. Dann allerdings entwickelt er eine bemerkenswerte Hektik. Sitzt jedoch die Frau am Ruder, so achtet sie mit allen Sinnen (und, zugegeben, manchmal etwas allzu sensibel) auf jede geringste Kursveränderung, versucht ständig gegenzusteuern, wittert den gefährlichen Wasserfall schon lange, bevor sie ihn rauschen hört, und tut alles, um das Boot auf der sicheren Seite zu halten. Damit allerdings geht sie dem lethargisch veranlagten Mann gehörig auf die Nerven.

Um auf die Frage zurückzukommen: »Vermeiden« können Sie Ehe-Routine überhaupt nicht. Weil alles, was der Mensch regelmäßig tut, zwangsläufig irgendwann den Reiz des Neuen verliert, also zur Routine wird.

Deshalb ist das Einzige, was gegen Ehe-Routine hilft, gar nicht erst zu heiraten und überhaupt keine feste Beziehung einzugehen; allenfalls eine Wochenendbeziehung kommt dann noch in Betracht, aber auch die kann rasch zur Routine werden. Die Frage ist also nicht, wie Sie die Routine vermeiden können, sondern wie Sie mit der Routine umgehen. Und da muss man ganz ehrlich sagen: Alle Tricks und Tipps, die Sie in den Ratgeberbüchern finden, sind absoluter Quatsch.

Es wird die Ehe nicht beleben, wenn SIE sich schicke rosa Dessous kauft. Auch der Versuch, IHN zum Tanzkurs oder in die Oper zu schleppen, bringt nix. Das Schlafzimmer neu zu tapezieren und Räucherkerzen anzuzünden ist ebenso sinnlos. Hilfreich wäre der Tipp, den Fernseher aus dem Fenster zu schmeißen, aber den liest man nirgendwo.

Trotzdem gibt es einiges, was man gegen Routine machen kann. Es ist im Grunde ganz einfach: Erstens braucht jeder seinen Freiraum, also viel Zeit für sich. Zweitens muss man möglichst viel gemeinsam erleben. Drittens muss man viel miteinander reden. Und viertens muss man das Interesse am anderen wachhalten. Aber wenn einer von beiden dieses Interesse gar nicht mehr hat, sind Hopfen und Malz sowieso verloren. Die Frauen in den Buchhandlungen, die um die Regale mit den Ratgeberbüchern herumschleichen – die haben noch Interesse. Aber ihre Männer haben es leider längst nicht mehr.

68. Haben wir jetzt endlich mehr Zeit für uns?

Augenscheinlich ja. Kaum jemand arbeitet heute noch mit 60; die meisten sind schon irgendwie halb oder ganz im Ruhestand. Es kann aber ganz schön gefährlich sein, plötzlich mehr Zeit füreinander zu haben, wenn die Kinder groß sind. Denn nun ist man auf Gedeih und Verderb einander ausgeliefert. Das kann bedeuten, dass bisher übersehene bzw. vom Alltagsstress begrabene Beziehungsprobleme plötzlich unvermittelt ausbrechen. Es gibt nicht nur den Rentenschock, wie man ihn kennt (plötzlich weiß man nichts mehr mit der vielen Zeit anzufangen), sondern es gibt auch den Beziehungsschock: Jetzt erst stellt man verwundert fest, dass man offenbar schon ganz lange nichts mehr miteinander anzufangen weiß.

Wenn Sie aber in der Fragestellung die Worte »für uns« entdeckt haben, dann steckt darin ja nicht nur der Wunsch, künftig vielleicht mehr mit dem Partner oder der Partnerin unternehmen zu können (»mehr Zeit *für uns*«), sondern hoffentlich auch das Bedürfnis, »endlich« mehr Zeit *für sich selber* zu haben. Also mehr Zeit, die jeder sich selber gönnt. Nur sich, unabhängig von der Partnerschaft. Das wäre gut. Misstrauen Sie jedem Paar, das immer nur zu zweit Zukunftspläne schmiedet! »Wir« werden dann dies machen und das, endlich können »wir« miteinander hierhin und dorthin, »wir« müssen ja nur noch so und so viele Jahre, aber dann werden »wir« – na ja.

Sind die eigenen, ganz egoistischen Bedürfnisse schon so tief vergraben, dass den beiden gar nichts mehr zum Thema »Ich« einfällt? Da ist das Pärchen, das sein Leben lang von langen Wohnmobilreisen träumte. Leider ist *sie* im Laufe der Jahre immer unbeweglicher geworden, aber *er* hatte ja noch diesen Traum: »Wenn *ich* erst mal auf Rente bin, dann werden *wir* ...«

Gar nichts haben sie gemacht. Kaum auf Rente, hat er sich von seiner Frau mit hinabziehen lassen in den Sumpf der frühzeitigen geistigen und körperlichen Faulheit und hat sich nicht mal ein Wohnmobil gemietet, geschweige denn eines gekauft. Rasch ist er gealtert und dahingesiecht. Sie hat es nicht einmal begriffen. Sicher ist es schön, wenn man »endlich mehr Zeit« hat. Man muss sie aber zu nutzen wissen. Und zur Not, wenn es nicht anders geht, muss man die gewonnene Zeit für sich selber nutzen und öfter »ich« als »wir« sagen. Die – bessere – Frage heißt also: »Habe *ich* jetzt endlich mehr Zeit für *mich?*«, und die Antwort auf diese Frage heißt: Ja. Die werden Sie haben. Aber bitte nutzen Sie sie auch! Die Kinder sind groß bzw. aus dem Haus. Wann, wenn nicht jetzt, wollen Sie Ihre eigenen Träume wahr machen?

69. Haben uns etwa nur die Kinder so lange zusammengehalten?

Das kann gut sein, und es wäre ja auch äußerst verdienstvoll. Wenn es denn gelungen ist, aus den Kindern mit einer gewissen Lebenslüge anständige und selbstbestimmte Wesen zu machen, die nun für sich selber sorgen können. Dann ist es jetzt aber an der Zeit, schleunigst die Scheidung einzureichen. Denn so wahnsinnig viele Jahre bleiben Ihnen ja nicht mehr. Ob es so ist – dass Sie beide also nur die Kinder so lange zusammengehalten haben –, das können Sie leicht feststellen, indem Sie ein Blatt Papier zur Hand nehmen.

Haben Sie das gemacht? Okay. Bitte schreiben Sie links oben ein Plus- und rechts oben ein Minuszeichen hin. In der Mitte machen Sie einen senkrechten Strich. Nun schreiben Sie links alles hin, was für ein weiteres Verbleiben in dieser Beziehung spricht. Rechts schreiben Sie hin, was dagegen spricht. Jedes Argument – pro (links) und contra (rechts) – versehen Sie mit einer Schulnote, die etwas über die Wichtigkeit dieses Punktes aussagt (1 = für mich sehr wichtig, 6 = für mich total unwichtig usw.). Vielleicht schreibt er links hin: »Sie kocht gut«, und das ist wichtig für ihn, aber nicht ganz wichtig, also vergibt er eine 2. Rechts steht bei ihm: »Sie lässt sich gehen«, aber da schaut er sowieso nicht mehr hin, also kriegt dieses Contra-Argument bei ihm nur eine 4 – sie hingegen findet es ausgesprochen ätzend, dass er sich zu wenig pflegt; das schreibt sie rechts hin und gibt eine 1 dafür. Dass er gut verdient, kommt nach links, ist ihr aber nicht so wichtig, oder doch? Also gibt sie eine 3 dafür.

Wenn die Liste fertig ist, zählen Sie die Schulnoten auf jeder Seite gesondert zusammen und teilen Sie diese durch die Zahl der jeweils genannten Pro- und Contra-Argumente. Daraus ergibt sich eine Durchschnittszensur. Die Seite, auf der die Durchschnittszensur niedriger ist, also mehr in Richtung besserer Note tendiert, die gewinnt. Jetzt wissen Sie, ob nur die Kinder Sie beide so lange zusammengehalten haben und was Sie nun daraus für Konsequenzen ziehen sollten. Simpel, oder? Na ja. Hauptsache, es funktioniert. Ach so, eins noch: Natürlich macht man diese Liste nur allein im stillen Kämmerlein und nicht etwa zu zweit! Denn dann – wäre keiner von Ihnen ganz schonungslos ehrlich.*

---

* *Heben Sie diesen Zettel unbedingt auf. Sie werden ihn brauchen, wenn Sie später einmal irgendetwas bereuen sollten, was Sie jetzt beschließen.*

70. Lernen wir uns jetzt erst richtig kennen?

Tatsächlich berichten viele Eltern, dass der Auszug ihrer Kinder die eigene Partnerschaft völlig verändert hat. Oftmals allerdings zum Negativen. Und meistens sind es die Frauen, die nun nicht mehr verheiratet sein mögen. Ja, jetzt lernt man den Partner bzw. die Partnerin erst richtig kennen – zumindest intensiver. Was man aber auch kennenlernt, sind seine bzw. ihre bisher vielleicht übersehenen oder ignorierten negativen Charaktereigenschaften.

Männern, die aus dem Berufsleben ausscheiden, fehlt die Bestätigung im Job; ersatzweise mischen sie sich plötzlich nörglerisch und besserwisserisch in die Belange der Hausfrau ein. Die sehnt sich nach der Zeit zurück, als er noch arbeiten ging und wenigstens neun oder zehn Stunden aus dem Haus war, und natürlich an die Zeit, als sie mit Haushalt und Kindern noch voll ausgelastet war. Aber auch berufstätige Frauen können sich negativ verändern, wenn sie plötzlich »nur noch« Haus und Garten zu versorgen haben. Manche werden faul. Sie haben sich zwar darauf gefreut, endlich Zeit für sich zu haben – aber jetzt wissen sie damit nichts anzufangen. Der Mann sprüht vielleicht vor Unternehmungslust und möchte endlich alles nachholen, wovon er in all den Jahrzehnten geträumt hat: Sie macht nicht mit, kriegt buchstäblich den Hintern nicht mehr hoch und entwickelt keinerlei Initiative. Andere Frauen werden hyperaktiv, putzen den ganzen Tag Haus oder Wohnung und mäkeln an ihren Männern herum, weil sie sonst nichts mehr zu tun haben.

All das war eine Zusammenfassung von negativen Fallbeispielen. Es gibt natürlich auch positive Fälle. Am besten funktioniert die Partnerschaft nach der Phase der Kindererziehung, wenn beide Elternteile bereits frühzeitig eine ganze Reihe von gemeinsamen Interessen entwickelt haben. Eine Sammelleidenschaft, Reisen, Sprachen lernen, was auch immer: Wenn solche gemeinsamen Freuden bisher zu kurz kamen, wird man den Partner nun von einer sehr angenehmen Seite kennenlernen. Deutschlands Golfplätze sind voll mit Paaren, die in Ehren ergraut, aber immer noch sehr gut drauf sind und es einfach genießen, dass sie nun mehrmals die Woche zu zweit spielen können. Auf jeder Bildungsreise trifft man Paare zwischen 60 und 70, die Hand in Hand ehrfürchtig vor den bedeutenden Kulturdenkmälern unserer Welt stehen und dem Herrgott dankbar sind, dass sie endlich gemeinsam ihre Träume verwirklichen können. Man trifft glückliche Ehepaare, deren Kinder aus dem Haus sind, auf teuren Kreuzfahrten ebenso wie auf deutschen Campingplätzen, wo sie vorm endlich angeschafften Wohnmobil Grillwürste brutzeln. Auch sie lernen sich jetzt erst »richtig kennen«. Weil sie endlich Zeit für sich selber und füreinander haben!

Wer allerdings erst in den »silbernen Jahren« damit beginnen will, Gemeinsamkeiten aufzubauen, der wird mit ziemlicher Sicherheit scheitern. Wir haben mit vielen Frauen gesprochen, die sich die Lösung aller ihrer Eheprobleme von der Zeit erhofften, in denen die Kinder aus dem Haus waren. »Dann wird alles besser mit meinem Mann«, dachten sie. Das allerdings trat nicht ein. Lethargische Männer wurden noch lethargischer, wortkarge verstummten total, Eigenbrödler kapselten sich vollends ab, und Streithähne wurden gänzlich unerträglich. »Was Hänschen nicht lernt ...«

71. Wie halten wir den Kontakt zu unseren Kindern?

Rückblickend sagen die meisten Eltern, dass sie hierzu nicht viel beitragen konnten. Es sind offenbar die Kinder, die entweder den Kontakt halten oder aber keinen Wert darauf legen. Und zwar ganz unabhängig davon, wie sich die »Alten« verhalten. Wenn das zutrifft, kann man sich als Elternteil natürlich entspannt zurücklehnen. Falsch ist es vermutlich, dass man ständig versucht, »das Richtige« zu sagen und zu tun. Besser ist es demnach, sich total gelassen genau so zu verhalten, wie einem zumute ist. Also auch Kritik zu äußern, wenn einem etwas gar nicht gefällt. Es bringt nichts – so die Erfahrungsberichte –, sich bei den jungen Leuten einzuschleimen und ihnen nach dem Munde zu reden. Man darf auch getrost in Kauf nehmen, dass es Spannungen gibt. Ob der Kontakt erhalten bleibt, ob er einschläft oder intensiver wird, hat mit Auseinandersetzungen zwischen den Generationen weniger zu tun, als die meisten glauben.

Viele Eltern berichten, dass sie zwar einen guten Kontakt zu ihren eigenen Kindern hätten bzw. haben könnten –, dass aber die neu in die Familie gekommenen Schwiegerkinder Antipathien gegen sie mitgebracht oder entwickelt haben und sich die eigenen Kinder dagegen nicht ausreichend zur Wehr setzen. Das mag in vielen Fällen stimmen, aber – man müsste dazu auch immer die andere Seite hören – es ist vielleicht doch nur ein Teil der inneren Wahrheit. Viele Eltern reden sich die Sache auch schön, sodass sie selbst quasi von jeder Verantwortung befreit sind und schuldlos dastehen.

Regel Nr. 1 heißt also: Auch in strittigen Situationen so bleiben, wie man ist, und kein Blatt vor den Mund nehmen. Es gibt aber mindestens sechs weitere ganz gute Regeln, die sich in vielen Interviews zu diesem Thema herauskristallisiert haben. 2.) Immer ein offenes Ohr und eine offene Tür haben. 3.) Ratschläge nur dann erteilen, wenn man danach gefragt wird. 4.) Sich nicht in die Erziehung der Enkel einmischen – aber durchaus eigene klare Regeln aufstellen, wenn die Enkel zu Besuch kommen (es sollte Ihnen vollkommen egal sein, was die lieben Kleinen angeblich zu Hause alles dürfen. Bei Ihnen läuft es anders, und basta). 5.) Natürlich ist Blut dicker als Wasser, und Ihr eigenes Kind liegt Ihnen zumindest anfangs mehr am Herzen als Schwiegersohn oder Schwiegertochter. Aber das müssen Sie nicht unbedingt ständig so offen zeigen. 6.) Mindestens einmal pro Woche sollten Sie bei Ihren Kindern anrufen oder wenigstens eine Mail schicken, auch wenn die sich Ihrer Meinung nach »ja niemals melden«. Ganz egal, ob Sie jedes Mal ein wirklich gutes Gespräch zustande kriegen: Auf jeden Fall haben Sie Kontakt! 7.) Lassen Sie sich den Kontakt zu Ihren Kindern nicht von Ihrem Ehepartner ausreden oder vermiesen (das ist häufiger der Fall, als man denkt. SIE würde gern, aber ER kommt nun mal mit dem Schwiegersohn nicht zurecht, also lässt SIE es auch, um Streit zu vermeiden – falsch!).

72. Wie gehen wir mit den Partnern unserer Kinder um?

Sie können sich die Partner Ihres Kindes nicht aussuchen. Sind also von Anfang an schwere Bedenken da, spüren Sie vielleicht sogar eine handfeste Antipathie, dann haben Sie definitiv nur zwei Möglichkeiten: Entweder akzeptieren Sie das neue Familienmitglied und machen gute Miene zum bösen Spiel, oder Sie werden Ihr Kind verlieren. So läuft es jedenfalls in den meisten Familien ab. Junge Leute sind äußerst empfindlich, wenn man ihnen ihre neue »große Liebe« ausreden will. Und mit hoher Wahrscheinlichkeit waren Sie selbst früher genauso drauf. Bei diesem Thema gilt deshalb das Gegenteil der wichtigsten Botschaft aus der vorigen Antwort, die da hieß: »Nehmen Sie kein Blatt vor den Mund.« In dieser schwierigen Situation müssen Sie es sogar tun. Versuchen Sie gar nicht erst, Ihrem Kind die Beziehung auszureden. Sie würden alles verlieren und doch nichts erreichen.

Dies sind die Hauptgründe, warum Eltern gegen die neuen Partner ihres Kindes sind: Die Nationalität (Herkunft) passt nicht – das steht auf Platz 1, ist also am häufigsten die Konfliktursache und gleichzeitig natürlich auch die dämlichste von allen. Der soziale Hintergrund passt nicht – dieses ebenfalls sehr dünne Argument steht auf Platz 2. Auf Platz 3 steht dann wenigstens ein nachvollziehbarer Konfliktgrund, nämlich schlichte Antipathie. Erst danach folgen Gründe wie »kriminelle Vergangenheit«, »schlechter Umgang«, »falsche Freunde« und eine gewisse psychische Labilität des neuen Partners, woher auch immer die Eltern darüber Erkenntnisse haben wollen. Schließlich fängt die Beziehung ja gerade erst an!

Oftmals ist Eifersucht ein Problem. Da können Sie jedes gängige Vorurteil nehmen: Es wird stimmen. Vater hat sein kleines Töchterchen so lieb, dass er leider gar nicht mitbekommen hat, wie aus dem reizenden Wesen ein ziemlich seltsam gekleideter Punker geworden ist. Der Freund aus der Punker-Szene scheint ihm deshalb überhaupt nicht der richtige Partner zu sein; am liebsten würde er ihn vor die Tür setzen, verprügeln oder die Polizei rufen. Auf jeden Fall maßt er sich an, dem Töchterchen diesen Kontakt ausreden zu wollen. Er scheitert! Und wenn man ihn nicht bremst, steht er plötzlich ohne Töchterchen da. Das ist die häufigste Konfliktsituation (Vater ist gegen Freund der Tochter). Mütter sind da erheblich toleranter. Übrigens kommt es nur ganz selten vor, dass der Vater etwas gegen die neue Freundin des Sohnes einzuwenden hat. Merkwürdig, nicht wahr?

Aber es ist ja gar nicht gesagt, dass Sie die neue Beziehung Ihres Kindes ablehnen. Vielleicht breiten Sie ja auch beide Arme aus und heißen denjenigen herzlich willkommen. Das ist sogar häufiger der Fall als das eben geschilderte Gegenteil. Immerhin 74 Prozent aller Eltern stehen den neuen Partnern ihrer Kinder positiv gegenüber[*] – sie geben sich wenigstens Mühe, einen guten Kontakt aufzubauen, und dann stellt sich die Frage aus der Überschrift gar nicht erst.

---

[*] *Nach eigenen Aussagen; in Familien mit Migrationshintergrund ist die Quote allerdings geringer.*

73. Werden wir jetzt unsere Träume verwirklichen?

Erfahrungsgemäß nicht. Jedenfalls nicht so, wie die Träume all die Jahre in Ihren Gedanken überlebt haben. Das hat mehrere Gründe. Der eine Grund ist: Wenn man jung ist, hat man nicht genug Geld, die Träume zu verwirklichen – und wenn man älter wird, kann man sie aus gesundheitlichen Gründen nicht mehr wahr machen. Der zweite Grund: Träume verlieren viel von ihrem Glanz, wenn man sie aus der Vitrine holt und der Realität aussetzt. So ist zum Beispiel die Durchquerung der Sahara ein Traum, der aus wunderschönen Bildern besteht. In Wirklichkeit bedeutet er aber Sand zwischen den Zähnen und mehr Durst, als Wasser im Kanister ist. Grund Nummer drei hat mit der Bequemlichkeit des Menschen zu tun: Endlich sind die Kinder aus dem Haus und man KÖNNTE nun getrost mit dem Motorrad quer durch Amerika fahren, aber WILL man das denn? Der Garten muss gemacht werden, die Enkel brauchen mehr Aufmerksamkeit und Zeit, der Boden ist zu entrümpeln und und und. Amerika, das war's dann wohl. Außerdem braucht der Papa seine Medikamente, und die Mama hat's im Rücken. Irgendwas ist ja immer. Auch jetzt.

Das ist natürlich keine gute Nachricht. Man kann aber eine Lehre daraus ziehen, und die lautet: Träume sollte man nie auf später verschieben, sondern man sollte sie gleich wahr machen. Also dann, wenn sie noch jung sind, die Träume. Später wird das meistens nix mehr.

74. Erleben Männer automatisch ihren zweiten Frühling?

Als Frau wollen Sie das doch gar nicht so genau wissen. Seien Sie ehrlich: Es interessiert Sie nur dann, wenn er seinen zweiten Frühling aggressiv ausleben möchte, wenn diese Irritation der Gefühle also direkte Konsequenzen für Ihre Beziehung hat. Jedenfalls sehen das die meisten Frauen so.

»Wenn er jungen Mädels hinterherschaut, na und?«, sagt eine 57-Jährige. »Ich lass ihn. Natürlich merke ich das, aber ich spreche ihn nicht einmal darauf an. Darüber bin ich erhaben. Schließlich weiß er ja, was er an mir hat – auch wenn nicht mehr alles so sitzt wie früher.« So viel Verständnis hat die Mehrheit der Frauen – klugerweise, muss man sagen. Also: Kommt der »zweite Frühling« automatisch?

Die Antwort heißt: Ja. Manche Männer verbringen sogar ihr ganzes Erwachsenenleben damit, das heißt: Sie kommen nie richtig ans Ziel, fühlen sich nie ganz geborgen, sind nie ganz glücklich, suchen immer das noch größere (und noch frischere) Glück. Das sind offenbar Männer, die niemals so richtig erwachsen werden. Wenn Sie so einen haben, dann haben Sie Pech. Der Normalfall ist aber, dass sich der Mann – in die Jahre gekommen – wenigstens hin und wieder nach der Bestätigung seiner Männlichkeit sehnt. Er möchte einfach wissen, ob er noch attraktiv ist. Sie als langjährige Partnerin können ihm dieses Gefühl noch so intensiv vermitteln: Es wird ihm nicht reichen. Er braucht seine Bestätigung außer Haus. Das ist einfach so.

Nehmen Sie es als gegeben hin und kritisieren Sie nicht daran herum. Diese männliche Suche nach Selbstbestätigung bedeutet ja nicht, dass Ihr Mann sich eine Jüngere sucht und Sie verlässt. Nein: Dazu ist er von Natur aus viel zu träge und zu faul. Außerdem weiß er ja Ihre Vorzüge durchaus zu schätzen und liebt zum

Beispiel den Geruch aus der Küche, wenn Sie Gulasch kochen, viel zu sehr. Trotzdem muss er mal schauen, was sonst noch so läuft. Da müssten Sie mal Mäuschen spielen, wenn er mit seinen Kumpels in der Stammkneipe sitzt und so richtig ungestraft und ungehemmt glotzen darf! Da wird aus dem biederen Puschenträger aus Ihrem Wohnzimmer ein eloquenter Verbalerotiker, den Sie garantiert nicht wiedererkennen würden. Ja und? Seufzen Sie am Strand nicht auch manchmal insgeheim dem vorbeiflanierenden Waschbrettbauch hinterher? Und würden Sie das Ihrem Mann auf die Nase binden? Na, sehen Sie. Wie gesagt: Alles müssen Sie doch gar nicht wissen.

Es gibt aber natürlich auch diese schrecklichen Fälle, in denen jahrzehntelang gemeinsam durch dick und dünn gegangen wird und er, wenn sie ihre attraktivsten Jahre hinter sich hat, sie ablegt wie ein Paar alte Pantoffel und in ein neues, frisch zugelegtes schlüpft. Beispiele dafür liefert uns die Klatschpresse täglich, und sie zeichnet – schau mal an – ein solides Bild der Wirklichkeit. Denn auch in Ihrem persönlichen Umfeld werden Sie schon mal von solchen tragischen Schicksalen gehört haben. Darum lesen Sie ja so gerne mit leisem Gruselschauer (und mit einer gesunden Portion Schadenfreude), dass es den Schönen und Reichen auch nicht besser ergeht als Lisa Kasuppke von nebenan. Passiert das also – ER nimmt sich eine Jüngere in seinem zweiten Frühling, und SIE steht allein da –, dann stellt sich immer sehr schnell die Frage, ob denn »alle Männer Schweine« sind. Sind sie nicht. Manchmal ist es nämlich die Frau, die den Mann aus dem Haus getrieben hat. Und dann lag es gar nicht am zweiten Frühling.

75. Werden wir uns jetzt auf die Nerven gehen?

Ja. Mit Sicherheit. Spätestens dann, wenn Sie beide nicht mehr arbeiten, im herkömmlichen Sinn also »alt« sind.* Wie denn auch nicht? Welches Paar versteht sich derart grandios, dass es 24 Stunden am Tag zusammenhocken kann und sich dabei niemals auf die Nerven geht? Das wäre ja ein geradezu klinisch reines Glück und wahrscheinlich höchst langweilig, außerdem kommt es überhaupt nicht vor. Also: Sie werden sich gegenseitig garantiert auf die Nerven gehen. Aber das macht nichts. Entweder wird es so katastrophal, dass Sie sich trennen. Oder Sie resignieren und fügen sich in Ihr Schicksal. Oder die Liebe ist stärker als die Nerverei, und dann macht es erst richtig Spaß. Dann setzen Sie sich nämlich noch mit dem anderen auseinander, setzen Ihre Bedürfnisse gegen seine und schauen mal, wer von Fall zu Fall gewinnt. Vielleicht lässt sich ja sogar ein Kompromiss finden, aber das wäre eine fast schon zu hoch gesteckte Erwartung (laut einer Untersuchung setzt sich in 91,4 Prozent aller partnerschaftlichen Auseinandersetzungen einer von beiden mit seinem Standpunkt durch, und der andere gibt nach, allerdings ist das durchaus nicht immer der Klügere).

Wir haben »alte« Ehepaare gefragt, wie sie mit der Nerverei des jeweils anderen umgehen und was sie für Rezepte dafür entwickelt haben. Die muss man sich ja nicht an den Badezimmerspiegel pinnen, aber sie können doch den einen oder anderen Denkanstoß geben – vielleicht sogar zum Nachmachen anregen: »Jeder braucht seinen Freiraum.« »Man sollte sich einfach mal gegenseitig in Ruhe lassen.« »Man muss nicht immer alles gemeinsam unternehmen.« »Ein eigener Freundeskreis ist wich-

---

* *Was alt sein bedeutet, lesen Sie in der nächsten Antwort.*

tig.« »Ich mache dann einfach die Tür hinter mir zu und habe meine Ruhe.« »Man sollte sich gegenseitig nicht zu ernst nehmen und nicht immer alles auf die Goldwaage legen.« »Wir halten es schon so lange miteinander aus, da werden wir die letzten Jahre auch noch schaffen.« »Ich kenne seine Macken schon so gut, dass ich mich gar nicht mehr über sie aufregen kann.« »Schließlich habe ich sie damals vor 55 Jahren geheiratet, weil sie so frech war, also kann ich mich jetzt nicht darüber beklagen.« »Wenn er mich nervt, schicke ich ihn einfach in seinen Keller. Meistens geht er dann auch.« »Als wir noch jünger waren, haben wir alles ausdiskutieren müssen, aber heute darf auch mal etwas unausgesprochen bleiben; wir sind da gelassener geworden.« »Humor ist das Wichtigste. Wenn wir uns streiten und einer macht Witze darüber, dann ist alles wieder gut. Das klappt wunderbar.« »Ich hör ihm gar nicht zu. Das ist das Beste. Der kriegt sich schon wieder ein, der alte Nörgler.«

Achten Sie bitte darauf, dass die meisten der Zitate ziemlich egoistisch klingen! Und das ist auch gut so. Gerade im Alter muss man sich auf sich selbst besinnen, die eigenen Wünsche endlich verwirklichen und nicht mehr immer nur auf den Partner oder die Partnerin Rücksicht nehmen. Jedenfalls werden Paare, bei denen jeder von beiden ein gesundes Ego mitbringt, glücklicher alt als andere.

76. Sind wir jetzt alt?

Nein, nur ein bisschen näher am Tode dran als noch vor zehn Jahren. Wer heute 60 ist, lebt in einem seltsamen Zwiespalt. In der Regel ist mit dem Berufsleben Schluss, die Rentenzeit beginnt, man hat also im Grunde keine Verpflichtungen mehr. Andererseits fühlt man sich noch so jung und fit, dass man den Sechzigsten eigentlich gar nicht feiern möchte. Was soll nun passieren: 10, 15 oder 20 Jahre aufs »richtige« Altern warten? Zwar altert unsere Gesellschaft demografisch, also es gibt immer mehr »Alte« im klassischen Sinne. Andererseits sind diese »Alten« immer gesünder und munterer, also noch längst nicht »alt« im Sinne von Siechtum und vom Sich-langsam-aufs-Ende-Vorbereiten.

So gesehen ist es bevölkerungspolitisch vollkommen schwachsinnig, die Leute mit 60 oder 65 in Rente zu schicken und sie fortan auf Kosten der ohnehin schmal gewordenen Rentenkasse zu alimentieren. Das ist sogar schädlich. Nichtstun lässt das Gehirn einschlafen und ist eine der Ursachen für vorzeitiges Altern; Beschäftigung hingegen hält jung. Die »Rente mit 70« wäre also viel besser und zeitgemäßer (unser Rentensystem stammt ja noch aus dem 19. Jahrhundert). Sagen wird Ihnen das aber kein Politiker, weil es Stimmen kosten könnte.

Natürlich kann man keinem Schwerstarbeiter vom Bau zumuten, dass er mit 60 noch so schafft wie mit 30 – das würde wohl auch sein Rücken nicht mehr wollen. Aber warum soll er nicht was anderes machen, zum Beispiel zum Bewährungshelfer umschulen oder in der Berufsschule aus der Praxis erzählen? Die dadurch gewonnene Arbeitskraft könnte man bei den Jüngeren wieder einsparen, also zum Beispiel viel mehr junge Eltern weniger arbeiten lassen, damit sie sich mehr (und vor allem stressfreier) um ihre Kinder kümmern können.

Das Schema unseres Berufslebens geht so: Erst wirst du ausgebildet, dann schaffst du wie verrückt, weil du weiterkommen willst und mehr Geld möchtest, und dann wird dein Leistungsfaden, zack, mit der Schere abgeschnitten und du sitzt zu Hause rum. Das ist Quatsch! Die Grenzen müssten viel flexibler sein, und vor allem dürften die Alten nicht so brutal ausgegrenzt werden, nur weil sie eine bestimmte Altersgrenze erreicht haben.

Zu ungefähr den gleichen Überlegungen kamen kürzlich Experten der Akademiengruppe »Altern in Deutschland«, deren mehrjährige Forschungen unter dem Titel »Gewonnene Jahre« jetzt erschienen sind.* Die Wissenschaftler plädieren fürs »lebenslange Lernen«, um die Menschen auch im derzeitigen Rentenalter, also circa ab 60 Jahren, fit zu halten. »Wenn man nicht mehr arbeitet, wird man leicht unsichtbar«, so die Psychologin und Dekanin des »Center of Lifelong Learning and Institutional Development« der Jacos University Bremen, Ursula Staudinger. Sie hat festgestellt, dass brachliegende Fähigkeiten rasch verkümmern, wenn man nichts mehr zu tun hat: »Neue Herausforderungen tragen dagegen auch im Alter zur weiteren Entwicklung bei«, sagte sie dem »Tagesspiegel«. Und der Historiker Jürgen Kocka vom Wissenschaftszentrum für Sozialforschung in Berlin fügt hinzu: »Wir möchten die scharfen Grenzziehungen zwischen Ausbildungszeit in der Jugend, Erwerbstätigkeit und Alter ein wenig verflüssigen.«

Wenn die Kinder aus dem Haus sind, ist man also noch lange nicht alt. Wenn man in der Firma nicht mehr gefragt ist, könnte man sogar noch einmal richtig aufdrehen. Omas Weisheiten – von »Wer rastet, der rostet« bis »Man ist immer so alt, wie man sich fühlt« – stimmen haargenau und haben nichts von ihrer Aktualität verloren.

---

* *www.altern-in-deutschland.de*

77. Werden wir gute Großeltern sein?

Erstaunlich, dass sich so viele Eltern das schon sehr frühzeitig fragen. Man kann daraus schließen, dass sie es gar nicht erwarten können. Viele Eltern machen sogar den Eindruck, als wenn sie ihr Leben erst mit Enkeln als gelungen bezeichnen würden. Obwohl dieses Ziel doch schon erreicht ist, wenn sie ihre eigenen Kinder zu einigermaßen sozial verträglichen Wesen herangezogen haben!

Vom Oma-und-Opa-Sein geht offenbar ein seltsamer Reiz aus. Vermutlich liegt es daran, dass die Menschen endlich einmal das Leben mit kleinen Kindern genießen möchten, ohne den ganzen Erziehungsstress zu haben. Man erinnert sich ja gern an die Zeit, als die eigenen Kinder noch so klein und süß waren. Aber gleichzeitig fällt den meisten Menschen ein, wie viele Fehler sie damals gemacht, wie viele unbegründete Sorgen sie hatten und wie oft sie als Eltern falsch entschieden haben. Es gibt offenbar den unbewussten Wunsch, das alles noch einmal erleben zu dürfen – nur eben mit der Weisheit, die man heute hat, und mit dem Wissen aus all den Jahrzehnten. Wohl darum können es die meisten Eltern gar nicht erwarten, bis sie Großeltern sind, und deshalb fragen sie sich so bang: Werden wir gute Großeltern sein? Die Antwort fällt leicht: Ja.

8. Kapitel

WAS ELTERN SICH FRAGEN, WENN ES UM IHRE EIGENEN ELTERN GEHT

78. Wieso sind Großeltern heute so unglaublich jung?

Ein Familientreffen läuft heute ganz anders ab als noch vor drei Jahrzehnten. Opa verabschiedet sich frühzeitig, denn er muss noch zum Golfen oder sein Motorrad in die Inspektion bringen. Oma sitzt in ihrem Zimmer und checkt die E-Mails. Oder sie lässt sich vom Enkel erklären, wie sie Musik auf eine CD brennen kann. Nein: Das ist wirklich nicht mehr die Generation von Großeltern, die unsere eigenen Eltern für vollkommen normal hielten!

Da hat sich eine Menge geändert. Auf den ersten Blick ist das unerklärlich: Da ja heute viele Frauen erst spät heiraten und dann auch noch sehr lange warten, bis sie ihr erstes Kind bekommen, verschiebt sich auch das Alter, in dem man Großeltern wird, weiter nach hinten. Man wird heute also später Oma und Opa als noch vor, sagen wir mal, 30 Jahren, als die meisten Frauen ihre Kinder mit 20 bekamen. Heute sind ja viele Erstgebärende schon über 40!

Warum sind Großeltern heute trotzdem so jung und fit wie noch in keiner anderen Generation? Das hat mehrere Gründe. Erstens: Früherkennung von altersbedingten Leiden und deren rechtzeitige Heilung, also der ganze medizinische Fortschritt. Zweitens: Höhere Anforderungen, die Rentner jung halten. Schon das alte Sprichwort sagt ja: »Wer rastet, der rostet.« Das heißt: Zwischen Untätigkeit und Dahinsiechen besteht ein direkter Zusammenhang. Da nun immer mehr junge Elternpaare voll berufstätig sind, werden auch immer mehr Rentner in die Familienplanung aktiv mit einbezogen. Sie werden gefordert und gebraucht. Es gibt also immer weniger Rentner, die gar nichts mehr zu tun haben. Demzufolge steigt die Zahl derjenigen, die einfach mithalten müssen und schon deshalb länger fit bleiben. Jugendliche Rentner sind, so betrachtet, nicht zuletzt auch eine Folge der Emanzipation, die ja erst die volle Berufstätigkeit auch während der Mutterschaft ermöglicht und salonfähig gemacht hat!

Drittens: Das Bild, das uns die Medien vermitteln. Wir leben in einer Welt, die so kommunikativ und global ist wie noch nie zuvor. Anreize, Anregungen, Vorbilder, Ideen und Pläne entwickeln sich nicht mehr im persönlichen Umfeld des Einzelnen, sondern weitgehend durch die Medien. Die prägen das Bild vom Rentner, wie er heute sein könnte. Mit dem Ergebnis, dass der Rentner – gar nicht dumm – von den vielen Angeboten Gebrauch macht und am Ende genauso jung ist, wie er in den Medien dargestellt wird. Achten Sie doch nur einmal auf die Werbung im ZDF vor der *heute*-Sendung um 19 Uhr! Acht von neun Werbespots befassen sich mit Altersbeschwerden und zeigen, wie man sie ganz leicht beheben kann. Da hüpft die Oma leichtfüßig über einen Weidezaun, und ihr Knie hat überhaupt nicht weh getan. Den Opa plagt seine Blasenschwäche auch nicht mehr, sondern er schläft wunderbar durch. Außerdem sieht er überhaupt nicht wie ein Opa aus, sondern eher wie ein schlafloser Mann auf dem Höhepunkt seiner Karriere. Der liegt nicht wegen seiner Blase wach, sondern wegen der Finanzkrise! Ist es nicht völlig normal, dass Millionen Rentner umgehend beschließen, etwas gegen ihre Gelenkprobleme und gegen die Blasenschwäche zu tun? Sie gehen in die Apotheke, kaufen sich dort die »Apotheken-Umschau«, die sie ja auch aus der 19-Uhr-Werbung kennen und denken gar nicht daran zu altern.

Aber auch, wenn sich das Alter nicht mehr verleugnen lässt, ist noch lange nicht Schluss. Jopie Heesters ignoriert sein Greisentum und schleppt sich noch in jede Talkshow, die ihn einlädt.* Falten

---

* *Bei Redaktionsschluss dieses Buches schien es ihm mit 105 noch relativ gut zu gehen.*

sind Schnee von gestern, obwohl sie gar nicht mehr als Manko gelten – im Gegenteil: Die werbetreibende Wirtschaft hat endlich die Rentner und ihre unglaubliche Zahlungskraft entdeckt. Zunehmend spricht man nicht mehr von der »werberelevanten Zielgruppe zwischen 14 und 49«, sondern von der Zielgruppe »zwischen 24 und 79«. Die Alten heißen auch nicht mehr die »Alten«. Sie sind die »Bestager«. TUI-Cruises entdeckt für sein neues Traumschiff die Generation der »Babyboomer« und meint damit die Generation, die reichlich Kinder in die Welt gesetzt hat und jetzt im soliden Vorruhestand ist. Die Alten machen mobil und zeigen, was in ihnen steckt. Ihr Image wurde geändert. Daraufhin haben sie ihr Image selbst geändert. Die Fiktion wurde Wirklichkeit. Jetzt werden unsere Früh- und richtigen Rentner so sehr gebraucht wie noch nie. Das wiederum hält sie jung. Sie haben einfach keine Zeit zum Altern.

79. Warum müssen die gerade jetzt nach Mallorca oder Teneriffa auswandern?

Immer mehr Rentner verziehen sich. Sie haben keine Lust mehr auf Deutschland. Das kann man gut verstehen. Erstens ist das Wetter im sonnigen Süden viel besser als bei uns. Zweitens lebt man dort unten für die Hälfte vom Geld, also ist die schmale Rente plötzlich wieder richtig was wert. Drittens ist das Leben im Süden nicht so anonym wie bei uns in einem Hochhaus, wo sich jeder nur für sich selbst interessiert: Auf Teneriffa zum Beispiel gibt es komplett deutsche Siedlungen, wo jede Kneipe ihre Angebote erst auf Deutsch und danach auf Spanisch präsentiert und wo lauter Rentner leben, die vom Sch...wetter in Deutschland ebenfalls die Nase voll haben. Man bekommt sofort Kontakt, denn alle möchten hier Kontakt. Es gibt ein unglaublich reichhaltiges Freizeitangebot: Da kann man tanzen gehen, grillen, deutsches Theater besuchen, töpfern lernen, ja, man kann sogar Spanischkurse buchen! Damit man sich mit den Einheimischen unterhalten kann! Aber das wollen die meisten Rentner gar nicht.

Ärzte, die deutsch sprechen, gibt es da unten auch genug. Man hat ein schönes Leben und fragt sich, warum man eigentlich nicht viel früher in den Süden gezogen ist.

Nun gibt es aber eine Kehrseite. Man sieht die Enkel nicht mehr so häufig, und das ist in vielen Familien ein Problem. Man fällt im Alltag auch als Kinderbetreuer aus. Das wiederum passt den eigenen Kindern meistens nicht. Die Tochter oder Schwiegertochter möchte vielleicht wieder mit dem Arbeiten anfangen und hatte die Großeltern fest eingeplant, und jetzt verziehen die sich in den Süden? Das kommt nicht gut an.

Keine Frage: Großeltern haben das Recht, ihr eigenes Leben zu führen und ihre letzten Jahrzehnte so zu verbringen, wie sie das möchten. Sie haben jetzt endlich einmal die Gelegenheit, nur noch an sich zu denken. Und niemand sollte ihnen das vermiesen. Sie waren ja das ganze Leben für ihre Kinder da. Wahrscheinlich auch noch für die Enkel. Sie selbst haben aber auch eigene Wünsche, für die sich bisher niemand interessiert hat. Weil sie eben immer da waren. Fast so wie ein vertrautes Möbelstück, von dem man sich niemals trennen möchte.

Großeltern sind keine Möbel. Wenn nicht jetzt in den Süden, wann dann? Aber wahrscheinlich bleiben sie letztlich doch hier. Weil sie es ohne ihre Enkel gar nicht aushalten würden. Andererseits ... bei *den* Billigflug-Angeboten ... Man kommt heutzutage ja schneller von Malle nach Frankfurt als in der Rushhour von Bad Homburg nach Offenbach! Und wenn man geschickt bucht, ist ein Ticket von Teneriffa nach Düsseldorf billiger als eine Bahnfahrt von Oldenburg nach Ulm.

80. Sollten wir mit Oma und Opa zusammenziehen?

Das hängt natürlich davon ab, wie gut man sich versteht. Herrscht eine ausgesprochene Antipathie zwischen den Generationen, erübrigt sich die Frage. Ist man ein gutes Team, heißt die Antwort ganz klar: Ja, man sollte. Sofern die »Bestager« noch im Lande sind (siehe vorige Frage).

Es ist ein Trend, der sich auch in anderen Ländern durchsetzt. In Amerika zum Beispiel gab es im Jahre 2008 schon 6,2 Millionen Familien, in denen drei Generationen unter einem Dach lebten – im Jahre 2000 waren es nur fünf Millionen Haushalte. Die Gründe dafür sind vielfältig. Hier sind die 11 wichtigsten. 1.) Die Frau kann unbeschwert arbeiten gehen, wenn sich Oma und Opa um die Kinder kümmern. 2.) Sie hat nur noch einen Bruchteil vom Stress im Haushalt, denn die Großeltern kümmern sich gern um alles. 3.) Kinder sind meistens total begeistert von ihren Großeltern; die bringen ihnen vieles bei, haben noch die alten Erziehungsmethoden drauf, trotzdem keinen Erziehungs-Stress, also sie sind die ideale Ergänzung und dürfen die Kinder auch ruhig etwas verwöhnen. Aber bitte nicht zu sehr! 4.) Die Kinder profitieren von den Geschichten aus alter Zeit, die Großeltern allzu gern erzählen. 5.) Großeltern sind manchmal sehr gute Puffer zwischen Mann und Frau, wenn es nach Stress riecht. 6.) Es ist immer jemand da. 7.) Die beruflich bedingte Mobilität der Eltern ist viel leichter durchzuziehen. Sie können jederzeit weg; Oma und Opa machen das schon. 8.) Die Großeltern drängen sich zwar nicht auf, wenn sie klug sind. Aber sie stehen irgendwie immer zur Verfügung, wenn es Probleme gibt. 9.) Man spart die ganzen Betreuungskosten für Kinder und Haustiere. 10.) Man kann auch mal alleine in Urlaub fahren. 11.) Die Alten haben eine Aufgabe. Und wenn sie pflegebedürftig werden, muss man sie nicht mehr verpflanzen.

Ganz und gar salonfähig ist das Wohnen von drei Generationen unter einem Dach natürlich durch Barack Obama geworden. Marian Robinson ist bei Erscheinen dieses Buches 72 Jahre alt. Die Schwiegermutter des US-Präsidenten ist ganz selbstverständlich aus ihrem bescheidenen Haus ins White House umgezogen, als ihr Schwiegersohn seinen neuen Job antrat. Jetzt kümmert sie sich um die beiden Mädchen, wenn die Obamas irgendwo auf Staatsbesuch sind, und wohnt auch im selben Flügel wie die Kinder. Ja, hallo: Sind wir nicht alle ein bisschen Obama? »Yes, we can!«

81. Möchten Oma und Opa gerne mit uns tauschen?

Eher nein, aber in einem Punkt ja. Beginnen wir mit dem Nein: Die heutigen Großeltern wissen es durchaus zu schätzen, dass es in »ihrer« Zeit noch eine gewisse berufliche Verlässlichkeit gab. Man lernte einen Beruf und durfte getrost davon ausgehen, dass man ihn bis zur Rente behalten konnte. Man durfte ferner davon ausgehen, dass man dort bleiben konnte, wo man war. Man konnte sich ein verlässliches Zuhause schaffen und dort alt werden.

Heute muss ein Arbeitnehmer – statistisch betrachtet – im Laufe seines Lebens mindestens viermal (!) sein Berufsbild ändern, um bestehen zu können. Er muss auch damit rechnen, dass er jederzeit der Arbeit hinterherrennen muss, also mobil und zur Aufgabe seines sozialen Umfeldes stets bereit sein. Bauen kann man deshalb heute eigentlich gar nicht mehr. Und man kann auch auf nichts mehr bauen.

Die Arbeitswelt ist härter geworden, und das bekommen die heutigen Großeltern durchaus mit. Auch wenn sie gern davon erzählen, unter welchen Schwierigkeiten sie sich früher selber durchgebissen haben: Sie wissen genau, dass es damals in der Arbeitswelt menschlicher zugegangen ist, dass die Familienunternehmer mehr Herz für die Leute hatten als viele heutige Vorstände und Heuschrecken und dass der Mensch früher mehr galt als jetzt, wo er oft genug nur eine Zahl auf der Kostenliste ist. Was das Arbeitsleben angeht, können Sie also ganz sicher sein: Da möchten die Großeltern von heute garantiert nicht tauschen. Da möchte nicht mal jemand mit Ihnen tauschen, der gerade erst auf Rente gegangen ist!

»Die Bundespost zum Beispiel«, sagt ein Mann im Interview für dieses Buch, »die Bundespost war früher ein sozialer Verein. Da konnte man stolz sein, wenn man bei der Bundespost arbeiten durfte. Wir hatten Loyalität. Wir waren wer. Wir wurden geschätzt. Und passieren konnte uns nichts. Die Telekom? Ha« (er lacht bitter). »Die Telekom macht Magengeschwüre. Die Alten werden rausgedrängt. Es zählen nur noch die Zahlen, aber die Menschen zählen nichts mehr.«

Seien Sie sicher, dass Ihre eigenen Eltern solchen und ähnlichen Geschichten sehr aufmerksam lauschen. Sie kennen nur den Hunger der Nachkriegszeit. Die stählerne Härte der neuen Bosse mussten sie zum Glück nie kennenlernen. Nein: So betrachtet, möchten sie nicht tauschen.

Was die Ehe angeht, auch nicht. Kopfschüttelnd betrachten die Alten, wie ihre Kinder sich fast willkürlich und launenhaft trennen oder vertragen; Patchwork-Familys empfinden sie eher als Notlösungen, und sie halten überhaupt nichts von der Leichtigkeit, mit der heute geheiratet und wieder geschieden wird. Für sie war die Ehe noch etwas Heiliges. Etwas Unantastbares. Sie hatten noch etwas, an das sie glauben konnten. Und das vermissen sie an der heutigen Generation: dass sie überhaupt an etwas glaubt.

Sehr gerne würden die Großeltern von heute hingegen mit ihren Kindern tauschen, wenn es um deren Kinder geht. Für Großeltern ist es das Schrecklichste, dass sie eines Tages sterben werden und nicht mehr mitkriegen, wie es den Enkeln geht. Am liebsten würden sie nämlich den eigenen Kindern deren Kinder wegnehmen und die alleine großziehen, weil sie es nämlich selber viel besser könnten. (Dass sie dann eben keine Großeltern mehr wären, sondern in der Pflicht, das vergessen sie dabei natürlich.) Also: Wegen der Enkel würden Großeltern sehr gerne mit der heutigen Elterngeneration tauschen. Sonst aber eher nicht.

82. Wie denken Oma und Opa wirklich über uns?

Sie mischen sich ja nicht gern ein. Sie halten im Zweifelsfall lieber den Mund. Und wenn einer von ihnen gerne etwas Kritisches sagen möchte, dann heißt es von dem anderen: Halt dich da raus. Das ist nicht unsere Aufgabe. Sei froh, dass wir so ein gutes Verhältnis zu unseren Kindern haben.

Aber wenn die beiden Alten miteinander alleine sind, wie reden die dann? Haben sie nicht vielleicht vollkommen andere Ansichten von dem, was in der Erziehung richtig ist? Beobachten sie nicht vielleicht mit Sorge und äußerst kritisch, wie unsere Ehe läuft und wie wir so leben? Wünschen sie sich vielleicht einen ganz anderen Schwiegersohn, eine ganz andere Schwiegertochter?

»Man mischt sich nicht gern ein, das stimmt schon. Jedenfalls nicht ungefragt«, sagt Helene, eine 73-jährige Rentnerin aus Düsseldorf. Sie wohnt nicht weit von ihren Kindern mit den drei Enkeln und springt oftmals zum Babysitten ein, hilft auch im Haushalt mit (die Tochter ist halbtags berufstätig, der Schwiegersohn oft auf Montage). »Mein Mann und ich haben uns zum Motto gemacht: Wir lassen sie es so machen, wie sie das für richtig halten. Nur wenn wir gefragt werden, sagen wir unsere Meinung. Aber auch dann nur ganz vorsichtig. Wir haben viel zu viel Angst, dass wir den guten Kontakt verlieren und dann auch unsere Enkel nicht mehr so oft sehen dürfen.«

Für dieses Buch wurden 1250 Rentner quer durch alle sozialen Schichten gefragt, was sie an ihren Kindern, an deren Familienleben, den heutigen Erziehungsmethoden und dem Umgang mit Geld besonders stört. Man kann davon ausgehen, dass die Antworten in etwa das widerspiegeln, was Großeltern miteinander besprechen, wenn ihre Kinder nicht zuhören. Es ist sozusagen die elfpunktige »Hitliste der heimlichen Großeltern-Kritik«.

Erfreulich ist, dass »Unser Kind hat den falschen Partner gewählt« den letzten Platz (11) hält. Auch »Uns stört, wie die beiden miteinander umgehen« liegt weit hinten (10). Dann jedoch geht es bereits um die Enkel: »Die dürfen zu viel fernsehen« (9), »sie werden nicht streng genug erzogen« (8), »man kümmert sich nicht genug um ihre Hausaufgaben« (7), »unsere Enkel hängen zu viel am Computer ab« (6), »sie bringen ihren Kindern zu wenig Respekt bei« (5) ist die Hauptkritik. Dann aber geht es auf den vorderen Plätzen wieder um die eigenen Kinder: »Sie können nicht mit Geld umgehen« (4), »sie leben auf zu großem Fuß« (3), »sie arbeiten zu viel« (2) stört besonders viele Rentner, die Großeltern sind. Und auf Platz 1 der Kritik steht: »Sie lassen sich nichts sagen.« Das passt natürlich zu der Tatsache, dass sich die meisten Alten lieber auf die Zunge beißen, bevor sie an ihren Kindern deutliche Kritik üben. Die ist wohl nicht so sehr gefragt.

Eltern sollten viel öfter ihre eigenen Eltern fragen, wenn sie Probleme haben. Da liegt ein Beratungs-Potenzial brach, das in den meisten Familien ungenutzt bleibt. Im Zweifelsfall läuft man lieber zum Eheberater als zu den eigenen Eltern. Dabei haben die garantiert schon jede denkbare Krise durchgemacht und wissen deshalb, wovon sie reden. Und obendrein geben sie ihren Rat auch noch absolut kostenfrei ab.

83. Warum sind so viele Großeltern immer noch verheiratet?

In vielen Familien sind die Eltern längst geschieden, aber ihre eigenen Eltern sind immer noch verheiratet. Die heutige Generation der Großeltern feiert sogar noch Goldene Hochzeit. Die Jungen sind froh, wenn sie das verflixte siebte Jahr überstehen. Es liegt also der Schluss nahe, dass die Ehen früher irgendwie besser funktioniert haben müssen.

Andererseits wäre das aber nicht logisch, denn der Mensch ändert sich ja nicht von einer Generation auf die nächste. Man kann also davon ausgehen, dass die Großeltern ebenso viele Probleme damit hatten, eine Partnerschaft hinzukriegen, wie wir das heute haben.

Spricht man mit den älteren Leuten und fragt sie, was das Geheimnis ihrer lebenslangen Partnerschaft ist, so bekommt man erstaunlich simple, einleuchtende und ehrliche Antworten. Einige davon beziehen sich auf die Zeiten, die sich nun mal geändert haben. Andere galten damals so, wie sie heute noch gelten. Hinzu kommt natürlich eine gewisse Altersweisheit.

Zunächst einmal ist es so, dass Scheidungen früher gesellschaftlich nicht so akzeptiert waren, wie sie es heute sind. Eine geschiedene Frau, eine alleinerziehende Mutter gar hatte es früher viel schwerer, in der Gesellschaft zu bestehen und akzeptiert zu werden. Die Hemmschwelle für Frauen, ihren Mann zu verlassen, war deshalb früher viel höher, als sie es heute ist. Sie waren auch nicht so gut versorgt wie heute. Also sind viele Frauen damals bei ihren Männern geblieben, die sich unter den heutigen gesellschaftlichen Voraussetzungen längst von ihrem Partner getrennt hätten. Und irgendwann sind sie dann eben für immer geblieben.

Ein zweiter wichtiger Punkt ist die Rolle der Frau in der Ehe. Die war in der Generation unserer Großeltern anders als heute. Früher hatte der Mann das Sagen. Die Frau hat sich mehr oder weniger gefügt und war damit zufrieden. Sie hatte nicht so hohe Ansprüche an die Ehe, wie das die jungen Frauen heute haben. Sie haben für den Haushalt gesorgt und gekocht, die Kinder großgezogen und – auf Deutsch gesagt – die Schnauze gehalten. Der Mann schaffte die Kohle ran und durfte zu Hause so tun, als wenn er der Chef wäre. Dieses Ehemodell war zwar ein Garant für geringere Trennungsquoten, aber waren die Ehen deshalb besser? Wohl kaum.

Es gibt aber auch langfristig haltbare Ehen, die einfach ein gutes Rezept hatten und deshalb gegen Trennungsviren immun blieben. Peter (83) sagt über seine Anni (73): »Wir haben uns immer unsere Freiräume gelassen. Jeder konnte für sich sein. Jeder von uns hat seine eigene Welt, und dann hatten wir unsere gemeinsame. Das ist ein wichtiger Grund, warum wir niemals daran gedacht haben, uns zu trennen.«

Peter geht gerne golfen. Anni hat auch mal gegolft, aber sie kann wegen gesundheitlicher Probleme nicht mehr mit. Obwohl sie das bedauert, ist sie ganz froh, dass der Alte noch was um die Ohren hat und nicht den ganzen Tag zu Hause rumhängt. Sie will sich jetzt von ihrem Enkel einen Laptop kaufen lassen, damit sie ins Internet kann. Ihr Mann hält das irgendwie für Teufelszeug und ist dagegen, aber sie sagt: »Geh du mal golfen. Ich muss auch mal was für meine Gehirnzellen tun, und darum lerne ich jetzt Internet. Aus, Schluss. Dann kann ich nämlich meinen Enkeln eine Mail schicken und ihre Fotos begucken, die sie da reinstellen.«

»Wir hatten jeder seine eigene Welt, und dann hatten wir unsere gemeinsame«: Ist das nicht ein kluges Eherezept, das man allen jungen Paaren gerahmt übers Bett hängen sollte? Die eben zitierten Eheleute Peter (noch einmal: er ist 83) und Anni (sie ist 73) sind sowieso das liebenswerteste Ehepaar, das der Autor bei den Recherchen zu diesem Buch kennengelernt hat – und sie verstehen sich auch am besten. Wann immer der Autor eine Rückfrage hatte und bei den beiden anrief, war Anni dran und lachte: »Den können Sie heute nicht erreichen! Es ist doch Montag (oder Dienstag, oder Mittwoch …). Da hat er doch seinen Stammtisch (ist golfen, trifft sich mit Freunden oder was auch immer).« Peter on Tour, Anni lässt ihn laufen. Wunderbar. Übrigens sieht Peter aus wie 63 und Anni wie 53 – noch Fragen?

84. Wie wichtig sind Großeltern für Kinder und Jugendliche?

Fast noch wichtiger als die Eltern. Großeltern sind einfach ideal. Sie sind geduldig, interessiert, aufnahmebereit und im Kopf so jung wie in keiner anderen Generation. Körperlich sind sie meistens auch noch gut drauf. Was für die Rentenkasse ein Drama ist, davon profitieren unsere Kinder: Sie haben Großeltern, die noch lange nicht ans Dahinsiechen denken. Oma fährt noch Auto, und gerne bringt sie damit die Enkel zum Pop-Festival. Opa macht gerade den Boots-Führerschein, oder er bringt den Enkeln das Radfahren bei. Zu Oma und Opa kann man mit allem gehen. Sie sind verschwiegen, sie halten im Zweifelsfall zum Enkel, und sie meckern fast nie. Sie haben so schöne Geschichten von früher zu erzählen! Und sie haben immer Zeit. Sie lassen auch mal fünf gerade sein. Man kann bis Mitternacht bei ihnen Boxen gucken oder einen spannenden Film, den die Eltern nie erlauben würden. Muss ja keiner wissen! Bei den Gesprächen und Umfragen zum Bestseller »Wie Teenies ticken« gab es zu jedem der 111 Themen recht unterschiedliche Meinungen unter den Jugendlichen, nur in einem Punkt waren sich alle einig: »Unsere Großeltern sind die Allerbesten. Auf die lassen wir nichts kommen.«

Viele Eltern sind auf das gute Verhältnis zwischen ihren eigenen Eltern und ihren Kindern fast etwas eifersüchtig. Denn die Großeltern wissen oftmals mehr über die Kinder als Vater und Mutter. Das ist aber kein Wunder. Alltag frisst Anteilnahme auf. Viele Kinder würden gern mehr sprechen. Aber sie finden keinen, der ihnen zuhört. Dann gehen sie zu ihren Großeltern und fühlen sich plötzlich angenommen.

Das Kind findet zum Beispiel eine bestimmte Musikgruppe gut, sagen wir mal (wenn das Kind etwas kleiner ist) Tokio Hotel.

Aber ist egal, welche Band. Das Kind schwärmt von den Jungs und hängt die Wände im Kinderzimmer mit den entsprechenden Postern voll. Von seinen Eltern hört das Kind nur Kritik. »Was willst du denn mit denen«, »die sind doch voll doof«, »der ist doch schwul«, »schau mal, wie der aussieht« und ähnliche Bemerkungen. Das Kind macht dicht. Es findet Tokio Hotel so gut, weil die Texte authentisch sind. Weil die Musik ehrlich klingt. Weil es keine Casting-Band ist, sondern sich alle selbst hochgearbeitet haben. Also eigentlich sind es Werte, die Eltern auch gut finden müssten. Aber die – hören einfach nicht zu.

Ganz anders die Großeltern! Oma hört sich geduldig die ganzen Geschichten an, achtet auf die Texte, spricht mit den Enkeln darüber und möchte gern mehr erfahren. Opa kauft sogar einen Computer und lernt auf seine alten Tage noch E-Mails schreiben, damit das Enkelkind mit ihm kommunzieren kann. Oma schickt einen Link, wenn sie was Witziges im Internet entdeckt hat. Die Enkel freuen sich und erzählen es Oma als Erster, wenn sie sich frisch verlieben. Oma darf es auch wissen, wenn sie Komasaufen gemacht haben. Oma darf dann auch schimpfen, aber sie würde es nicht petzen. Oma und Opa sind eben Oma und Opa: unvergleichlich. Extrem wichtig. Hoffentlich leben sie noch ganz, ganz lange.

Wenn Eltern immer so cool wären wie Großeltern, hätten sie wohl auch einen besseren Kontakt zu ihren Kindern. Aber so cool werden sie erst sein, wenn sie selber Großeltern sind.

85. Warum verwöhnen die unsere Kinder nach Strich und Faden?

Ach je. *Verwöhnen,* das Wort hat so einen negativen Beigeschmack. Großeltern verwöhnen nicht. Sie sehen nur alles etwas gelassener als die Eltern. Das können sie ja auch! Schließlich tragen sie nicht die Verantwortung, sondern meistens sind sie Aushilfs-Babysitter oder Wochenend-Betreuer. Warum sollen die Kinder das nicht genießen dürfen? Die können sehr gut unterscheiden zwischen dem, was sie bei den Eltern dürfen, und dem herrlich-unbeschwerten Leben bei den Großeltern. Und sie sind auch in der Lage, sich bei den einen so und bei den anderen so zu benehmen. Also, das ist alles nicht so schlimm.

Schlimm wird es allerdings, wenn Großeltern den Kindern ganz bewusst alles erlauben, was die zu Hause nicht dürfen. Das machen Großeltern manchmal, wenn sie zum Beispiel mit der Schwiegertochter überhaupt nicht zurechtkommen und auch sonst deren Ansichten nicht teilen mögen. In solchen gravierenden Fällen kann es schon mal zum Konflikt kommen, und da muss man sich natürlich durchsetzen. Aber man ist nicht dabei. Man kann sowieso nicht kontrollieren, was die Großeltern mit ihren Enkeln machen. Denn meistens spannt man die Alten ja ein, wenn man selbst etwas vorhat.

Großeltern und Enkel, das ist ein ganz besonderes Verhältnis. Oma und Opa sind derart stolz, dass sie von den Enkeln geliebt und verehrt werden, dass sie gar keine Erziehungsmaßnahmen ergreifen können. Sie sind viel zu gerührt. Das wird uns Eltern genauso gehen, wenn wir einmal Großeltern sind. Es ist ganz normal und für die Kinder wunderbar. Viele Kinder und Jugendliche sagen: »Oft beneide ich meine Freunde, weil deren Großeltern so nah bei ihnen wohnen und sie manchmal sagen können:

Ich habe heute überhaupt keine Lust auf meine Eltern, ich gehe zu meiner Oma. Meine wohnt so weit weg, dass ich nicht mal eben hingehen kann. Aber wenn wir sie besuchen, ist das immer besonders schön.«

Man sollte Kinder und Großeltern sich selbst überlassen und sich möglichst wenig einmischen. Es ist doch schön, wenn die Kinder mal so richtig *verwöhnt* werden!

86. Warum lieben die Kinder Opas alte Geschichten so sehr?

Es ist ganz egal, wovon die handeln. Die Kinder werden Opas Geschichten von (manchmal Gott sei Dank) längst vergangenen Zeiten lieben, als wenn es Grimms Märchen wären.

Je martialischer die Geschichten sind, desto mehr werden sie von den Kindern geliebt. »Opa, erzähl doch noch mal von damals, als du …« – das betteln Kinder immer wieder, und sie bekommen davon nie genug. Da wird natürlich nicht nachgefragt, was für eine politische Einstellung der Opa damals als junger Mann eigentlich hatte. Da geht es nicht um Politik.

Die Kinder von heute kennen eigentlich nur noch die Figuren aus ihren Computerspielen, aber so einen wie Opa, den gibt es nicht noch mal. Und es gibt ihn in echt, IRL*!« All die Geschichten, die wir Eltern uns als Kinder viel zu oft anhören mussten und die wir schon synchron mitsprechen können, die sind für unsere Kinder lebendige Geschichte. Und – Kinder lieben Geschichte(n). Selbst wenn sie schon älter, also aus dem klassischen Geschichtenerzählalter eigentlich schon heraus sind: die von Opa hören sie immer noch gern.

Glauben Sie nicht, dass diese alten Geschichten von früher den Kindern schaden. Opa wird ja nicht von den weniger glorreichen Seiten seiner Vergangenheit erzählen. Da sind Opas immer sehr verschwiegen. Nein – er wird von früher schwärmen, alles Negative wird er ausklammern, in seiner Erinnerung gibt es ohnehin nur Positives, und das können Sie Ihren Kindern durchaus zumuten. Wenn es Sie aber wirklich stört, dass dem Opa

---

* IRL = »in real life«. Die gebräuchlichsten Abkürzungen, die ihre Kinder verwenden, sollten Sie aber schon kennen …

die kritiklose Aufnahmebereitschaft seiner Enkel gehört, dann beteiligen Sie sich doch mal an den Geschichten und erzählen auch mal was von Ihrer eigenen Vergangenheit! Schon sitzen alle gemeinsam am Tisch, drei Generationen friedlich vereint, und jeder hat etwas zu erzählen. Es gäbe viel weniger Stress zwischen den Generationen, wenn alle etwas von sich erzählen würden.

87. Sind Großeltern immer noch die Chefs im Familien-Clan?

Das hängt offenbar sehr stark davon ab, wo und wie man lebt. Auf dem Lande ist es häufiger der Fall als in der Stadt. Der alte Bauer übergibt den Hof zwar irgendwann an seinen Sohn, aber er kann sich nur schwer aus der Verantwortung lösen und bleibt deshalb oftmals bis zum Tode das unumstrittene Familienoberhaupt. Der Sohn hat darunter zu leiden. Notwendige Neuerungen bleiben liegen; oftmals wird sogar total der Anschluss an die Erfordernisse der heutigen Zeit verpasst. Altersstarrsinn und Misstrauen kommen hinzu. Ganz sicher würde es vielen kleinen Familienbetrieben heute besser gehen, wenn die Alten das Zepter frühzeitiger und vor allem konsequenter an die nächste Generation übergeben würden.

Aber es gibt auch positive Gegenbeispiele. Eines davon ist das Weingut »Gustavshof« in einem kleinen Dorf bei Alzey.* »Wir haben schon vor Jahren mit unserem Sohn zusammengesessen und überlegt, wie es weitergehen soll mit dem Betrieb«, erzählt die Winzerin. »Natürlich hat jede Generation ihre eigenen Vorstellungen. Das hängt bestimmt auch damit zusammen, dass wir Älteren nicht mehr so risikofreudig und beweglich sind wie die jungen Leute. Wir lassen im Zweifelsfall doch eher alles so, wie es seit vielen Jahren funktioniert hat. Unser Sohn hatte seine eigenen Ideen. Es war klar, dass er unseren Betrieb irgendwann sowieso übernehmen wird: Er hat darauf studiert und auch Lust dazu. Andererseits wollte er uns aber unbedingt mit dabei haben. Er war sich in vielem ja auch noch unsicher. Wir wirtschaften jetzt mit ihm gemeinsam in einer GbR. Er hat mit Eintritt in den

---
* *www.gustavshof.de*

Betrieb sogleich alle Vollmachten für die Betriebskonten erhalten und ist gleichberechtigter Teilhaber. Die Familie diskutiert über alle Vorkommnisse und Probleme und versucht, eine optimale Lösung zu finden. Wir finden, dass die neuen Ideen der Jugend und die Erfahrung der älteren Generation für einen Betrieb die gesündeste Mischung ist. Auch zeigt die Erfahrung, dass es für einen Betrieb die besten Jahre sind, wenn die Generationen zusammenarbeiten.«

Der Winzerbetrieb wurde total auf rein ökologischen Anbau umgestellt, was bei den Kunden sehr gut ankam. Es gibt ein neues Direktmarketing, Stammkunden – auch private – werden mindestens zweimal jährlich persönlich besucht und beliefert. Neue Ideen, gut kombiniert mit der Reife des älteren Jahrgangs: So soll es sein.

In den Städten gibt es ähnliche Familienstrukturen, wenn der Vater eine Firma aufgebaut hat und der Sohn langsam in die Chefposition hineinwachsen soll. Auch hier findet der notwendige Generationenwechsel oft zu spät und zu zögerlich statt. Übrigens sehnen sich die Angestellten und Arbeiter sehr oft nach der guten alten Zeit zurück, als »der Alte« noch das Sagen hatte: Er fühlte sich als »Vater« für seine Arbeitnehmer verantwortlich und behandelte sie wie seine Kinder; er war zwar streng, aber doch gutherzig und konnte ihnen eigentlich keinen Wunsch versagen. Kaum ist »der Junge« an der Macht, weht ein anderer Wind: Es wird kontrolliert und reglementiert, der alte Schlendrian wird ausgetrieben, Stellen werden eingespart, unproduktive Mitarbeiter entlassen, kurzum: Es herrscht der Rechenstift. Das ist sicher auch notwendig und überfällig. Aber es stößt nicht aufs Wohlwollen der Belegschaft, die das gute alte (oder sagen Sie ruhig: das verschlafene, beschauliche) Betriebsklima von früher wieder herbeisehnt. In vielen jungen Familien, vorwiegend in den Großstädten, hält eine der Großmütter (!) den Clan zusammen und sorgt mit ihrer Autorität dafür, dass Streitigkeiten unter ihren eigenen Kindern, die alle inzwischen schon eigene Familien haben, wenigstens nicht öffentlich ausgetragen werden. Großväter spielen hier offenbar eine geringere Rolle. Sie wenden sich in den letzten Lebensjahrzehnten ihren Hobbys zu, altern ohnehin schneller und sind dankbar, wenn sie guten Kontakt zu ihren Enkeln und ansonsten ihre Ruhe haben. Sie entwickeln keine Ambitionen, sich als »Clan-Chefs« zu profilieren, spielen also eher eine Nebenrolle. Es sind die Omas, die für Familienfeste im großen Stil sorgen, die die Familie (wenigstens nach außen hin) zusammenhalten und die äußerst viel Wert darauf legen, dass bei gewissen festlichen Anlässen niemand fehlt. Es würde zum Beispiel keines der Kinder auf die Idee kommen, das traditionelle Weihnachtsessen am zweiten Feiertag bei Mutter zu schwänzen – auch wenn die jungen Frauen gerade an diesem Tag viel lieber entspannt und mit ihren Lieben allein zu Hause bleiben würden. Großmutter hält die Tradition aufrecht. Sie ist die wahre Chefin in der heutigen Familie.

88. Ist man egoistisch, wenn die eigenen Eltern im Altenheim sind?

Das ist ein heikles Thema. Es kann Familien entzweien und schwere Ehekrisen aufziehen lassen. Diese Frage ist auch keinesfalls mit einem Ja oder einem Nein zu beantworten. Erstens kommt es darauf an, wie sich die Generationen vertragen. Ein älterer Mensch in der Familie kann eine echte Bereicherung sein, aber auch ein Riesenproblem. Es gibt Ehen, die an der Aufnahme eines Elternteils wegen unüberbrückbarer Antipathie gescheitert sind. Keinesfalls ist es egoistisch, wenn man nicht mit jemandem zusammenleben möchte, mit dem man einfach nicht zusammen leben kann.

Zweitens kommt es darauf an, wie schwerwiegend die altersbedingte Behinderung ist, die den Verbleib in den eigenen vier Wänden unmöglich macht. Leidet Oma am Grünen Star und ist ansonsten noch gut drauf, dann ist die Entscheidung sicherlich einfacher, als wenn Opa an fortgeschrittener Demenz leidet. Es gibt Fälle, in denen ganz einfach nur ein Heim in Frage kommt, da man selbst mit der Betreuung schlichtweg überfordert wäre. Und es kann auch eine Fehlentscheidung sein, alle Kraft und Liebe in die pflegebedürftige Person zu investieren – Kraft und Liebe, die den eigenen Kindern und dem Partner dann zwangsläufig fehlen würden.

Drittens ist es heute oftmals eine Frage der Wohnungsgröße. Man kann von einem Kind nicht unbedingt verlangen, dass es sein eigenes Zimmer auf Jahre räumt, weil Oma oder Opa pflegebedürftig sind. Das hat nichts mit Erziehung zu sozialem Verhalten zu tun, sondern es ist ein schwerwiegender Eingriff in die Privatsphäre des Kindes. Es ist vielleicht sogar eine Entscheidung *gegen* das Kind und *für* die eigenen Eltern.

Viertens ist mitentscheidend, was die alten Leute selbst gern möchten. Viele sagen: »Ich möchte niemandem zur Last fallen«, aber ihre Kinder nehmen diesen Wunsch überhaupt nicht ernst. Weil sie ihn als Vorwurf gegen sich selbst wahrnehmen. »Du fällst uns doch nicht zur Last, also kommst du zu uns.« Es mag ja stimmen. Aber Oma empfindet es nun einmal so, dass sie »zur Last fällt«. Warum hört man nicht darauf? Das zu ignorieren, kann erst recht egoistisch sein.

Denn um es einmal ganz deutlich, wenn auch angreifbar zu formulieren: Viele Familien nehmen den überlebenden, pflegebedürftigen Elternteil nicht deshalb auf, weil es einfach gut passt – sondern weil es diesen kurzsichtigen und auch irgendwie egoistischen Spruch gibt »*Ich* würde meine Eltern *niemals* in ein Heim geben«. Mit anderen Worten bedeutet dieser Satz nichts anderes als: »*Ich* bin ein *gutes* Kind.« Ganz davon abgesehen, dass dieser Satz die pflegebedürftigen Eltern (»in ein Heim *geben*«) zu unmündigen Deppen degradiert.

Uns sind Fälle bekannt geworden, in denen die geistige Austrocknung der pflegebedürftigen Rentner in dem Moment begann, als sie ins Haus der eigenen Tochter zogen (eigentlich »waren« sie gar nicht dorthin gezogen, sondern sie »wurden« dorthin gezogen). Wir haben mit Rentnern gesprochen, die erst »großmütig« aufgenommen wurden, weil Sohn und Schwiegertochter ja »ach so sozial eingestellt« sind – und die dann nicht einmal an den gemeinsamen Familienmahlzeiten teilnehmen durften, sondern ihr Essen auf Jahre allein im eigenen Zimmer verzehren mussten. Es ist bisweilen auch viel Selbstbeweihräucherung und Eigenliebe dabei, viel Bigotterie und Pharisäertum, wenn die eigenen Kinder es total ablehnen, dass man die letzten Lebensjahre in einem Heim verbringt.

Es ist also nicht egoistisch, wenn man pflegebedürftige Eltern in einem Heim leben lässt. Sondern es ist unter Umständen egoistischer, sie bei sich aufzunehmen und das Kreuz der Pflege bis zu ihrem Tode zu tragen.

Ein Altenheim ist keine Haftanstalt, keine Folterkammer, kein Guantanamo für Rentner, keine Schande und kein Abschiebeknast. Ein gutes Altenheim ist vielmehr ein Hort, in dem Oma und Opa unter Gleichgesinnten und Gleichaltrigen in ihren eigenen vier Wänden ohne Dazwischengequatsche der ach so besorgten Kinder ihren eigenen Kram machen können. Liegt es in der Nähe, und das sollte der Fall sein, kann man jederzeit hin. Hat man genug Geld, sollte es ein besonders gutes Altenheim sein. Hat man wenig Geld, ist es halt nicht so optimal. Aber so ist das Leben. Schämen müssten sich die Kinder nur, wenn sie nicht rechtzeitig dafür gesorgt haben, dass für ihre Eltern im Fall des Falles genug Kohle zurückgelegt wurde. Schämen muss man sich nicht, wenn man sich dem Wunsch der Eltern beugt und ein geeignetes Altenheim aussucht.

Natürlich haben wir alle die Ideal-Situation im Sinn, wie es eigentlich laufen sollte: Wenn Oma nicht mehr kann, dann kriegt sie ein schönes Zimmer im geräumigen Eigenheim, ist Teil der Familiengemeinschaft, kann den Enkeln und Urenkeln was von früher erzählen und schläft irgendwann friedlich ein. Wie schön, dass es auch solche Fälle gibt! Leider sind sie selten, denn so ist das Leben heute meistens nicht. Die Realität ist: Es gibt haufenweise Rentner, die sehr gern ohne Bevormundung und Befehlsempfängerei friedlich in einem schönen Heim sterben würden. Nur dürfen sie das leider nicht. Weil ihre Kinder so unglaublich sozial eingestellt sind und ein Heim als persönliche Beleidigung empfinden.*

---

* *Guter Rat: Rechtzeitig festlegen, wo man die letzten Lebensjahre verbringen möchte, und dabei nicht auf die eigenen Kinder hören.*

9. Kapitel

WENN NEBENAN AUSL..., ÄH, MIGRANTEN LEBEN

89. Ist mein türkischer Nachbar etwa der bessere Vater?

Die Überschrift dieses 9. Kapitels ist etwas seltsam, aber man will ja politisch korrekt sein. Ausländerfamilien nennt man neuerdings »Familien mit Migrationshintergrund«. Das ist ein Kniefall unserer demokratischen Gesellschaftsform vor den Neonazis. Die haben so lange »Ausländer raus« skandiert, bis wir das Wort »Ausländer« aus Scham und wohl auch aus unterschwelliger Angst heraus aus unserem demokratischen Wortschatz gestrichen haben. Und zwar komplett. Hätten die Neonazis »Migranten raus« skandiert, würden wir heute das Wort »Migranten« fürchten wie der Teufel das Weihwasser.

Wir Deutschen – *das* Wort ist doch noch erlaubt, oder auch nicht mehr*? –, wir Deutschen also haben eine seltsame Eigenschaft: Weil wir alles 150-prozentig richtig machen wollen, schießen wir regelmäßig weit übers Ziel der political correctness hinaus und wirken deshalb wie unsere eigene Karikatur. Hierfür ein Beispiel aus der jüngsten Vergangenheit.

Im Juni 2009 ersticht ein türkischer Dönerbudenbesitzer aus Schweinfurt seine 15-jährige schlafende Tochter, weil sie nicht so leben wollte, wie er sich das vorstellte. Ein sogenannter »Ehrenmord« also. Am nächsten Tag berichten Lokalzeitungen mit der Quellenangabe dpa Folgendes, wir zitieren: »Ein Gastwirt aus dem bayerischen Schweinfurt soll gestern am frühen Morgen seine 15-jährige Tochter erstochen haben (...) Als mögliches Motiv werden ›unterschiedliche Lebensauffassungen‹ genannt.« So weit das Zitat.

---

* *Wie wäre es, deutsche Familien politisch korrekt als »Familien ohne Migrationshintergrund« zu bezeichnen?*

Hier wollte der Verfasser des Artikels, also vermutlich ein Redakteur der Deutschen Presse-Agentur, wirklich alles richtig machen.

Darum hat er dem geneigten Leser einfach verschwiegen, dass es sich um einen Vater türkischer Herkunft und um einen sogenannten »Ehrenmord« handelte. Er hätte diese Erwähnung nämlich als Diskriminierung einer Migranten-Minderheit empfunden. Auch das »soll erstochen haben« spricht Bände (der Mann war geständig und, als er verhaftet wurde, auf dem Weg zur Polizei, um sich zu stellen; also »soll« er nicht erstochen haben, sondern er »hat« erstochen, aber das spielt angesichts dieses insgesamt total missglückten Agenturberichtes eigentlich auch keine Rolle mehr).

Der schreibende Gutmensch in der dpa-Redaktion hat sich »typisch deutsch« verhalten: Das Beste wollen und noch mehr bedeutet eben, dass man manchmal alles falsch macht. Wie soll denn die deutsche Öffentlichkeit für das Thema »Ehrenmorde« und andere kriminelle Auswüchse eines dramatisch missverstanden Islam sensibilisiert werden, wenn sogar die angeblich so seriöse Deutsche Presse-Agentur aus Angst vor Diskriminierungsvorwürfen die Herkunft des Täters und das komplette Motiv verschweigt? Wer an jenem Tag nur diesen dpa-Bericht als Informationsquelle hatte (und das dürften viele Millionen Deutsche gewesen sein), an dem ist die Nachricht, dass es schon wieder einen sogenannten »Ehrenmord« in Deutschland gegeben hat, komplett vorbeigegangen. Lesen Sie das Zitat bitte noch einmal. Was assoziieren Sie bei der Formulierung »ein bayerischer Gastwirt«?

Sie sehen vor Ihrem geistigen Auge einen volltrunkenen Bergbuam mit rotwangigem Gesicht in krachernen Lederhosen, der seine dirndltragende Tochter meuchelt, weil sie den Sohn vom feindlichen Wirt gegenüber liebt, stimmt's? Ein Stück aus dem

Tragödienstadl sehen Sie. Nur die Wahrheit sehen Sie nicht. Danke, dpa – für diese krasse Desinformation.*

Nun kommen wir zum Thema, ob der türkische Nachbar also der bessere Vater ist. Man muss sagen: Es gibt »den« türkischen Nachbarn gar nicht, sondern zwischen Türken und Türken in Deutschland gibt es soziale und intellektuelle Unterschiede, die fast größer sind als die Unterschiede zwischen deutschen und türkischen Vätern.

Wir beobachten ein türkisches Mädchen, 15 Jahre alt, im Minirock, Handy am Ohr, und neben ihr läuft der türkische Vater und schimpft pausenlos in seiner Heimatsprache, aber sie scheint ihn nicht einmal zu verstehen. Jedenfalls interessiert es sie nicht, was er vor sich hin schimpft.

Wir beobachten einen türkischen Vater, der auf einem deutschen Grillfest mit seiner (nicht verschleierten) Tochter erscheint und der dem hier geborenen Nachbarn erklärt, dass Kinder nun einmal ihre Freiheit brauchen. Aber unterm Strich (wir müssen etwas pauschalieren): Türkische Väter haben es in gewisser Weise leichter mit ihren Kindern, weil sie als natürliche Autorität akzeptiert werden. Des Vaters Wort ist in vielen türkischen Familien Gesetz und wird ohne große Diskussion als solches akzeptiert. Das bedeutet aber natürlich nicht, dass der türkische Nachbar deshalb der »bessere« Vater wäre.

Die negativen Folgen dieses zumindest nach außen hin funktionierenden autoritären Familiensystems sind hinlänglich bekannt. Sie reichen im Extremfall von der Zwangsheirat bis zum sogenannten und hier bereits erwähnten »Ehrenmord«, der auch in den Augen vieler Türken kein »Ehren«-Mord ist, weil Mord

---

* *Mehr über den typisch deutschen Irrsinn der verfluchten politischen Correctness im zweitbesten Buch des Jahres (nach diesem): »Unter Linken – von einem, der aus Versehen konservativ wurde«, brillant geschrieben von einem SPIEGEL-Reporter.*

grundsätzlich »ehrlos« ist. Bemerkenswert ist jedoch, dass viele türkische Männer langsam begreifen, dass ihr strenges hierarchisches Familiensystem heute und hier nicht mehr so funktioniert, wie sie es aus der Kindheit in ihrer anatolischen Heimat gewohnt sind. Es sind Männer, die von ihren türkischen Frauen verlassen worden sind.

Das passiert viel häufiger, als wir Deutschen uns vorstellen können. Viele türkische Frauen sind es nämlich leid, dass ihre Männer kaum mit ihnen sprechen, dass sie aber wie eine Maschine funktionieren sollen. In jeder nur denkbaren Hinsicht. Was auch viele deutsche Ehen zerstört, ist bei Türken besonders verbreitet. Aber türkische Frauen fügen sich heute nicht mehr so ohne weiteres. Sie haben Kontakt zu alleinerziehenden deutschen Frauen, sie gucken sich dort was ab und vor allem: Sie sind nicht mehr finanziell von ihren Männern abhängig. Sondern sie kommen auch allein zurecht.

In Berlin gibt es Selbsthilfegruppen für türkische Männer, die eine Scheidung hinter oder vor sich haben, die zum Teil sogar alleinerziehende Väter sind und die ihr altes, nur scheinbar funktionierendes Weltbild ändern möchten. Sie haben den Wunsch, bessere Väter und Ehemänner zu werden. Man glaubt es kaum: Diese Selbsthilfegruppen haben regen Zulauf. Spätestens, wenn die Frau weg ist und sie um jede Besuchsstunde für die Kinder kämpfen müssen, denken türkische Machos auch mal über ihr eigenes Verhalten nach und sind in ihrer Verzweiflung durchaus dazu bereit, gute Ratschläge anzunehmen. Vielleicht gibt es nur noch zu viele türkische Frauen, die sich alles klaglos gefallen lassen: stumpfes Schweigen, eklatante Lieblosigkeit und oft genug auch noch rohe Gewalt.[*]

---

[*] *Einen erstklassigen Bericht über Berliner Selbsthilfegruppen für türkische Macho-Männer fanden wir zum Beispiel im SPIEGEL 18/2009, S. 72.*

90. Funktionieren muslimische Familien besser als christliche?

Beobachtet man den Familienzusammenhalt und das scheinbar von allen akzeptierte Rollenverhalten in einer muslimischen Familie, so wünscht man sich in unserer weichgespülten und wertebefreiten Welt ganz automatisch etwas mehr davon – auch wenn die schlimmen Begleiterscheinungen, von denen bereits in der vorigen Antwort die Rede war, allseits bekannt sind. Wer heute eine moderne muslimische Familie mit guten Kontakten zu deutschen Nachbarsfamilien und einem hohen Integrationsstandard beobachtet (zum Beispiel den türkischen Gemüsehändler an der Ecke, der fleißiger und freundlicher ist als viele deutsche Kaufleute und uns nicht bei Ladenschluss vor die Tür setzt), der macht sich Sorgen um die eigene Familienkultur, die oft genug überhaupt nicht mehr erkennbar ist.

Man sieht im muslimischen Umfeld Söhne und Töchter, die ganz selbstverständlich im Geschäft ihrer Eltern mithelfen und trotzdem abends noch auf die Piste gehen. Man sieht Kinder, die voll integriert in die Arbeitswelt ihrer Eltern sind und quasi 24 Stunden am Tag mit Vater und Mutter zusammen sein dürfen. Man hört wild und lautstark lamentierenden muslimischen Vätern zu, die um den Verfall der althergebrachten Werte fürchten – aber trotzdem letztendlich akzeptieren, dass ihre Kinder nun mal in einer anderen Welt groß werden, und die es auch hinnehmen, wenn die Tochter mit einem christlichen bzw. deutschen Freund erscheint (übrigens sind für die meisten Muslime alle Deutschen »Christen«, auch wenn die gar nicht in der Kirche sind).

Ja: Muslimische Familien haben bessere Erfolgschancen als »christliche«, wenn das Gute aus den alten Strukturen übernommen wird und sich erfolgreich mit der »neuen Zeit« vermischt.

Es spricht vieles dafür, dass Muslime – wiederum überspitzt gesagt – das bessere Familienmodell haben als wir. Und weil die Familie nun mal das Wichtigste ist, was wir haben und bewahren möchten, so könnte man auch folgern: Den Muslimen gehört die Zukunft, und wir – gottlos oder christlich – sind mit unserem zunehmenden Werteverfall Auslaufmodelle der Geschichte.

91. Warum tun sich deren Kinder in der Schule so schwer?

»Die« Nachbarn mit Migrationshintergrund gibt es so wenig, wie es »die« Türken gibt. Es gibt Integrierte, Nicht-Integrierte, Fleißige, Faule, Tolerante, Verbohrte, Brave, Kriminelle. Ganz so wie bei den anderen Nachbarn, die keinen Migrationshintergrund haben.

Es ist ein altes Vorurteil, dass Migranteneltern auf den schulischen Erfolg ihrer Kinder gar keinen Wert legen. Es sei ihnen ganz egal, was die Kinder in der Schule machen. So heißt es, und tatsächlich kann man diesen Eindruck gewinnen – wenn man zum Beispiel erzählt bekommt, dass viele Migrantenkinder keinerlei Unterstützung von ihren Eltern bekommen und dass die sich nicht einmal bemühen, Deutsch zu lernen. Und wenn die Eltern überhaupt zum Elternabend erscheinen, dann sagen sie kein Wort.

Experten sehen das allerdings differenzierter. Sie sagen: Viele Migranteneltern können ihren Kindern gar nicht helfen, weil sie selbst in ihrer Kindheit kaum oder gar nicht zur Schule gegangen sind.

Der Berliner »Tagesspiegel« berichtete kürzlich von folgenden Zahlen: Jeder Zehnte, der in sogenannten Mütterkursen Deutsch lernt, ist selber nie zur Schule gegangen, 28 Prozent nur fünf Jahre lang, 26 Prozent lediglich bis zur achten Klasse. Und diese Zahlen beziehen sich auf Migranteneltern, die für die Wissenschaftler erreichbar waren! Also auf denjenigen Teil, der sich wenigstens um eine Verbesserung der eigenen Situation bemüht und Kurse der Kommunen oder der Volkshochschulen besucht. Wie mögen die Zahlen erst in denjenigen Bevölkerungsschichten aussehen, die niemals solche Kurse besuchen?

Für die Finanzierung der Mütterkurse* stellt zum Beispiel der Berliner Senat jährlich zwei Millionen Euro zur Verfügung; pro Jahr wird das Angebot immerhin von circa 6000 Migranteneltern genutzt. Sie lernen außer Deutsch, dass Kinder zum Lernen Ruhe brauchen, dass man sie auch mal loben muss und wie man als Elternteil in der Schule mitbestimmen kann. Was für deutsche Eltern also selbstverständlich ist, das lernen viele Migranteneltern erst mühsam, wenn ihre Kinder eingeschult werden. Und sie lernen es wirklich ganz von vorn, denn sie bringen keinerlei Vorkenntnisse mit. Wer aber nichts weiß, der fühlt sich unsicher, schlecht und benachteiligt. Migranteneltern, sagen die Experten, sind oft sehr schüchtern. Die Frauen flüchten sich ins Schweigen. Die Männer in ein Machogehabe, das ihre Unsicherheit überspielen soll.

Es ist tatsächlich unmöglich, von »den« Migranten zu sprechen. Wir interviewten für dieses Buch ein 16-jähriges afghanischen Mädchen, das auf einem Düsseldorfer Gymnasium dem Einser-Abitur entgegenstrebt und bereits in der 10. Klasse jüngeren Schulkameraden Nachhilfe gibt. Ein Migrantenkind! Wir sprachen mit einer 12-jährigen Deutsch-Türkin in Hamburg-Wilhelmsburg, deren Vater von früh bis spät in einer türkischen Eckkneipe mit anderen Männern die weltpolitische Lage erörtert, deren Mutter bis heute kein Wort deutsch spricht und die außer ihren eigenen umfangreichen Haushaltspflichten und ihrer eigenen Schulkarriere auch noch die Aufgabe hat, den siebenjährigen Bruder bei seinen Hausaufgaben zu beaufsichtigen und quasi für dessen Misserfolge verantwortlich gemacht wird.

Wir sprachen mit einem 15-jährigen türkischen Schüler, der sein Schulpraktikum bei einem Glaser in Hamburg-Finkenwerder macht. Der Geselle ging danach zum Meister und ver-

---

* *Näheres unter www.eltern-kurse-deutsch.de*

kündete: »Den wollen wir als Lehrling haben, wenn er mit der Schule fertig ist. Das haben wir alle einstimmig beschlossen. Der wird richtig gut, Chef.« Und wir sprachen mit dem gleichaltrigen Boris, einem Deutsch-Russen, der in der Schule nichts als Misserfolge hat, der seinen Frust in ungezügelter Gewalt abbaut und dessen kriminelle Karriere jetzt bereits absehbar ist: Zwei ältere Brüder, seine großen Vorbilder, sitzen bereits im Knast. Die ganze Familie lebt auf Staatskosten. Und trotzdem sagt Boris: »Scheiß-Deutschland.«

Es läuft etwas schief in unserem Land. Diese Erkenntnis setzt sich auch in politischen Kreisen durch, die jahrzehntelang von harmonischem Multikulti träumten und die Toleranz um jeden Preis höher bewerteten als nationalen Selbstschutz und Staatsräson. »Man kann wütend werden«, schrieb zum Beispiel ausgerechnet der linksliberale »Stern« kürzlich und unerwartet, als ein Reporterteam in Deutschland lebende Migrantenfamilien besucht hatte und dort auf einen hochexplosiven Sumpf aus Faulheit, Ignoranz und Deutschenhass gestoßen war. Stimmt es, dass wir Deutschen wegen unserer Nazi-Vergangenheit die natürlichen Abwehr- und Schutzfunktionen, die jede Nation braucht, abgebaut und verloren haben und deshalb auf einem sozialen Pulverfass sitzen?

Es stimmt einerseits – und doch wieder nicht: Denn was ein echtes soziales Pulverfass ist, das können wir regelmäßig der *Tagesschau* in den Berichten über soziale Krawalle in französischen Vorstädten entnehmen. Und die Franzosen haben nun wirklich kein Problem mit ihrer Vergangenheit. Sie gönnen sich einen Nationalstolz, der uns immer noch schwerfällt. Und trotzdem brennen bei ihnen die Barrikaden.

92. Sind alle muslimischen Männer Machos?

Ja klar. Zumindest im Grunde ihres Herzens. Aber auch deutsche Männer sind im Grunde ihres Herzens Machos. Sie dürfen es nur nicht so offen zeigen. In muslimischen Familien ist das (noch) etwas einfacher. Weil muslimische Frauen nicht an allen Fronten gleichzeitig kämpfen können und oftmals auch gar nicht mögen, können muslimische Männer ihr längst nicht mehr zeitgemäßes Macho-Gehabe noch eine Weile länger raushängen lassen, als es hier geborene Frauen akzeptieren würden. Mehr ist aber nicht dran am Macho-Gehabe der muslimischen Männer. Im Grunde haben sie es genauso schwer wie andere Männer auch. Es geht ihnen nicht so gut, sie fühlen sich zunehmend überflüssig, und die Zeit arbeitet nicht gerade für sie. Wir leben in einer Zeit, die den Frauen gehört – ob ungläubig, christlich oder muslimisch.

Was an muslimischen Männern auffällt, ist: Sie legen zwar sehr viel Wert darauf, nach außen hin als Chef des Familienclans wahrgenommen zu werden, sind aber innerhalb der Familie eher versöhnlich gestimmte Untergebene ihrer Frauen. *Die* haben in Wahrheit das Sagen in muslimischen Familien, und sie können sehr, sehr streitlustig sein. Man soll sich da nicht täuschen: Der muslimische vermeintliche Macho ist oft genug zu Hause die Nummer zwei, nach seiner Frau. Die ganz eindeutig das Sagen hat. SEIN Wort ist Gesetz. Aber geschrieben hat SIE das Gesetz.

Es gibt da einen blöden Witz, den uns eine bemerkenswert selbstbewusste türkische Frau, stolze Mutter von drei Söhnen, in Berlin-Kreuzberg erzählte. Der Witz geht so: »Natürlich geht der Türke vor, und seine Frau geht hinterher! Und weißt du auch, warum? Weil überall auf der Straße eine Tretmine liegen könnte.« Noch Fragen?

93. Haben die Mütter bei Muslimen gar nichts zu sagen?

Diesen Eindruck könnte man gewinnen, wenn man sich zum Beispiel die geradezu unterwürfige Rolle anschaut, die muslimische Mütter in der Öffentlichkeit spielen. Aber man kann getrost davon ausgehen, dass diese Rolle nur geschickt gespielt ist. Offensichtlich ist die muslimische Welt ein matriarchalisches System. Chefin im Familienclan ist die Frau. Sie hält sich zwar nach außen hin zurück und lässt ihren Mann für sich sprechen, so als ob sie unmündig wäre. Das regt viele hier geborene Frauen auf, und die fragen sich: Warum macht sie sich so klein? Aber das stimmt nicht.

Wir hatten für dieses Buch eine Gesprächsrunde im Prenzlauer Berg in Berlin, an der sieben türkische und eine armenische Frau teilnahmen. Zunächst war es etwas schwierig, die Frauen an einen runden Tisch zu bekommen, denn sie waren misstrauisch. Auch hatten sie Schwierigkeiten, ihren Männern zu erklären, warum sie alleine ausgehen wollten, um sich mit einem Deutschen zu treffen. Diese Probleme wurden ausgeräumt, indem die Männer ihre eigene Gesprächsrunde bekamen und ein weiser alter türkischer Mann den jungen Familienvätern sagte, dass dies ein gutes Buchprojekt sei.

Als dann die Frauen zusammen an einem Tisch saßen und rasch vergaßen, dass ein deutscher Mann in der Ecke des Raumes saß und sich Notizen machte, wurde ganz schnell klar: Sie waren eindeutig die Chefinnen in ihren Familien, die Leader, die Bestimmer und die unangefochtene Nummer eins. Emanzipierter als viele deutsche Frauen. Auch härter. Kompromissloser. Ja, auch gnadenloser. Abfällig äußerten sie sich über das Macho-Gehabe ihrer Männer; freizügig tauschten sie die Adressen von Scheidungsanwälten aus, offenherzig erzählten sie von ihren Sexualproblemen (hierbei ging es vorwiegend um die Sex-Unlust ihrer Macho-Männer), und sie kicherten und quatschten, sie waren so unglaublich lustig und frech, und am nächsten Tag sah man sie wieder scheinbar unterwürfig vor den Kindergärten, wo sie ihre Kinder ablieferten.

Mütter haben bei den Muslimen sehr viel zu sagen! Sie sind sogar die heimlichen Chefs. Aber sie machen keine große Nummer draus. Sie sind es einfach, und ihre Männer akzeptieren das. Nur zugeben würden sie es nie.

94. Was halten unsere Migranten-Nachbarn eigentlich von Deutschland?

Nicht viel, werden viele jetzt sagen. Doch sie liegen damit ganz schön daneben. Im Mai 2009 hat das angesehene amerikanische Meinungsforschungsinstitut Gallup das Teilergebnis einer repräsentativen Studie vorgelegt, die sich mit der Denkweise der weltweit 1,3 Milliarden Muslime befasste. Unter anderem wurden circa 2000 Muslime in Frankreich, England und Deutschland befragt. »Offenbar identifizieren sich die rund 3,5 Millionen muslimischen Gläubigen in Deutschland öfter mit ihrer Wahlheimat als die Gesamtbevölkerung«, schrieb der Berliner »Tagesspiegel«. 32 Prozent der Deutschen sagen von sich, dass sie eine »enge Bindung« an die Bundesrepublik haben. Aber dasselbe sagen 40 Prozent der deutschen Muslime, also acht Prozent mehr! Muslime haben auch viel mehr Vertrauen in unsere Institutionen: 73 Prozent von ihnen – aber nur knapp 50 Prozent der Gesamtbevölkerung – halten unsere Gerichte für seriös. 61 Prozent der Muslime finden, dass unsere Regierung rechtschaffen ist (das glaubt nur circa jeder Dritte aus der Gesamtbevölkerung). 62 Prozent der Muslime glauben, dass bei unseren Wahlen alles mit rechten Dingen zugeht (was von der Mehrheit der Deutschen erstaunlicherweise bezweifelt wird).

Wie viele Vorurteile das friedliche Zusammenleben zwischen hier geborenen Deutschen und ihren muslimischen Nachbarfamilien schwierig machen, zeigt auch diese Zahl: 45 Prozent der Bundesbürger sind der Meinung, dass ihre muslimischen Nachbarn Deutschland gegenüber nicht loyal sind. Aber 71 Prozent der Muslime stehen voll hinter ihrer Wahlheimat.

95. Was kann ich von Migrantenfamilien lernen?

11 ausgewählte Erfahrungen, die uns deutsche Mütter mit Migranten-Nachbarn genannt haben. 1.) Ein erstaunlicher, beneidenswerter Familienzusammenhalt. 2.) Dass man viel erreichen kann, wenn man viel arbeitet, bzw. dass man eigentlich blöd ist, wenn man überhaupt arbeiten geht (je nachdem, wie die Migranten-Nachbarn der befragten Frauen ihr Leben gestalten). 3.) Dass es heute tatsächlich noch Männer gibt, die ihre Frauen schlagen dürfen, ohne dafür angezeigt und belangt zu werden. 4.) Dass der Islam unseren beiden großen Religionen sehr nahe ist, dass der Koran aber ganz unterschiedlich ausgelegt werden kann und sich deshalb die verschiedensten religiösen Richtungen und Überzeugungen auf den Koran berufen. 5.) Dass Menschen aus vielen fremden Ländern total davon überrascht sind, was für überspitzte hygienische Anforderungen wir Deutschen haben (»Warum soll man den Müll nicht aus dem Fenster werfen, wenn vor dem Fenster ein Fluss fließt?«). 6.) Dass man glücklich leben kann, auch wenn man in der Heimat alles verloren hat. 7.) Dass man feiern kann, auch wenn man gar nichts hat. 8.) Dass es einfach schön ist, wenn die Kinder an hohen Feiertagen richtig herausgeputzt werden und sich wie kleine Könige fühlen dürfen. 9.) Dass es ganz gut funktioniert, wenn Papa sich als Chef fühlt, aber die Mama der Chef ist. 10.) Dass man Ehrfurcht vor dem Alter haben soll. 11.) Dass unsere deutschen Abschiebe-Gesetze manchmal nichts weiter sind als menschenfeindliche, kaltherzige bürokratische Folterinstrumente.

96. Muss ich mir Sorgen machen, wenn mein Kind mit Migrantenkindern spielt?

Nein, Sie müssen sich keine Sorgen machen. Im Gegenteil. Beim Straßenfußball mit der afghanisch-deutsch-russisch-türkisch-tschetschenischen Gegenmannschaft lernt Ihr Kind mehr über Multikulti, als Sie ihm in vielen ruhigen pädagogisch korrekten Gesprächen beibringen können. Seien Sie froh, wenn Ihr Kind mit Migrantenkindern spielt. Es ist das große Manko von den sogenannten »feinen« Vierteln in den deutschen Großstädten, dass dort eben kaum oder gar keine Kontakte zwischen den einzelnen Nationalitäten stattfinden.

Dort ist man »unter sich«, und das einzige ausländische Kind in der Clique ist vielleicht das Kind eines thailändischen Unternehmers oder eines japanischen Konsularbeamten. Das ist eine falsche, eine längst nicht mehr zeitgemäße, auch eine verlogene Welt! Ihr Kind muss auf die Straße, um genau dort zu lernen, was uns Erwachsenen bisweilen fehlt: Durchsetzungskraft, Urteilsvermögen und Standhaftigkeit, auch eine gesunde Portion Egoismus und Selbstbehauptung. Ihr Kind ist mit Sicherheit belastbarer, als Sie denken. Also müssen Sie sich überhaupt keine Sorgen machen – solange es um Sport und Spiel geht.

Ganz anders sieht es aus, wenn Ihr Kind langsam größer wird, in die Pubertät kommt und keinen natürlichen Abstand zu den sogenannten »schlechten Kreisen« gewinnt. Und auch das soll man nicht verschweigen (viele Migranten-Eltern sprachen das von sich aus an): Es gibt Migrantenkinder, die ein verdammt schlechter Umgang für Ihre Kinder sind. Die den Anschluss an gar nichts finden. Die alles in ihrer neuen Heimat für schlecht halten, außer den Sozialleistungen. Die keinerlei Lust auf einen Beruf haben, aber sehr gut über ihre Rechte informiert sind. Es gibt unter Migrantenkindern viele, deren künftige Karriere als Sozialschmarotzer sich schon früh abzeichnet. Doch welche Werte haben Sie Ihrem Kind vermittelt, wenn es für solche trüben Gestalten anfällig ist und deren Integrationsverweigerung nachahmenswert findet? Wer ist da gescheitert: Ihr Kind oder Sie? Wohl eher Sie.

97. Ist eine Migrantenklasse schlimm für mein Kind?

Es ist für jedes Kind schwierig, wenn es in der Schule zu einer Minderheit gehört. Es gibt Klassen, in denen nur noch ein oder zwei Kinder keinen Migrationshintergrund haben. Befinden sich Schulen mit solchen Klassen in sozialen Brennpunkten mit Kindern aus fast ausschließlich bildungsfernem Milieu, und das ist die Regel, können es deutsche Kinder dort sogar sehr schwer haben. Es gibt Klassen, in denen blanker Hass auf Kinder ohne Migrationshintergrund herrscht. Es gibt Kinder, die »Christen« geschimpft und durch die Flure gejagt, geschlagen und bedroht werden. Es gibt Klassen, in denen 99 Prozent der Kinder als Berufsziel »Gangsta« angeben und sich auch so verhalten. Es gibt Kinder, die wegen einer guten Note verprügelt werden. Es gibt Lehrer, die ihre Schüler »Scheiß-Deutsche« rufen lassen und lieber weghören, als sich einzumischen. Es gibt Kinder, die sich jeden Tag die Beschimpfung gefallen lassen müssen, dass ihre Schwester eine Hure sei. Es gibt Migrantenkinder, die es einfach nicht besser wissen und die es von zu Hause gewohnt sind, dass Gewalt ein gutes Argument ist. Es gibt Schulen mit fast 100-prozentigem Migrantenanteil, die der türkische Gemüsehändler meidet – weil er nicht will, dass sein Kind dort verdorben wird. Und es gibt leider immer noch deutsche Eltern, die nichts begreifen, die nicht zuhören, die nicht hinsehen und die ihr Kind auf solchen Schulen leiden lassen.

98. Was mache ich, wenn mich eine verschleierte Mutter zum Kindergeburtstag einlädt?

Es klingelt, Sie machen auf, und da steht eine muslimische Mutter, total verschleiert, und die lädt Ihren Sohn oder Ihre Tochter bescheiden zum Kindergeburtstag ein. Sie sind darauf überhaupt nicht vorbereitet. Also denken Sie vielleicht zunächst an *Versteckte Kamera* oder an sonst einen Spaß, aber das ist nicht der Fall, und Sie müssen ja nun irgendetwas tun.

Zunächst einmal: Lassen Sie die Dame eintreten, seien Sie gastfreundlich, bieten Sie ihr einen Tee an (bitte keinen Alkohol) und sehen Sie zu, dass die Dame erst einmal auf dem Sofa Platz nimmt. Sie wird schon auftauen!

Nun holen Sie Ihr Kind dazu, und Sie werden rasch merken, dass Sohn oder Tochter viel unbefangener mit der Situation umgehen als Sie. Es gibt ja viel zu besprechen, zum Beispiel welches Geschenk man mitbringen sollte und ob man sich an der Vorbereitung beteiligen könnte (zum Beispiel einen Kuchen backen).

Merke: Unter dem Schleier steckt eine ganz normale Mutter, die ähnliche Sorgen hat wie Sie und die sich in dieser Situation ebenso fremd fühlt. Sprechen Sie über die Kinder, über die Schule, fragen Sie vorsichtig, geben Sie ruhig auch etwas von Ihren eigenen Problemen preis und hören Sie gut zu, wenn die Dame aus sich herausgeht und von sich erzählt. Mit hoher Wahrscheinlichkeit werden Sie als Eltern herzlich eingeladen, beim Abholen des Kindes noch etwas zu verweilen.

Und da – machen Sie sich auf was gefasst. Muslime können derart fröhlich und ausgelassen feiern, sind mitunter so herzlich und gastfreundlich, dass Sie diesen Abend vielleicht nie mehr vergessen werden.

99. Was kann ich tun, wenn mein Kind rechtsradikal wird?

Jugendliche denken schlicht und schwarz-weiß; Rechtsradikale argumentieren ebenso, und deshalb sind Jugendliche für rechtsradikale Parolen anfällig. Es ist eben alles so herrlich einfach, wenn man rechtsradikal ist: Hier deutsch und gut, da fremd und böse. Macht das Kind in seinem eigenen Umfeld negative Erfahrungen mit Kindern aus Migrantenfamilien, ist es besonders gefährdet. Kann es sich gegen Übergriffe nicht wehren und hat das Gefühl, dass Elternhaus und Staatsgewalt ebenso machtlos sind, ist der Weg schon fast bereitet. Rechtsradikale Organisationen haben diese Chance natürlich längst erkannt: In Vierteln mit sozialen Problemen sind sie oftmals die Einzigen, die wirklich präsent sind und den Jugendlichen etwas anbieten. Das gilt offenbar vor allem (natürlich nicht nur) für die östlich gelegenen Bundesländer, in denen oft genug ohnehin schon eine dramatische Staatsverdrossenheit herrscht, gepaart mit mangelnder Zukunftsperspektive.

Die Kommunen versagen. Überall werden Jugendtreffs geschlossen. Sozialarbeiter werden eingespart. In allen Problemvierteln gibt es zu wenige Streetworker. Ebenso wie die Kommunen versagen die etablierten Parteien. Sie engagieren sich kaum für junge Leute. Oder haben Sie schon mal jemanden von der Jungen Union gesehen, der Schüler vor der Schule anspricht und zu irgendwas außer einer politischen Versammlung einlädt? Machen die Jungsozialisten oder die Jungen Liberalen vielleicht Tischfußballturniere? Wenn Sie heute 17 wären, wenn Sie von den Gräueln der Nazizeit in der Schule kaum etwas gehört hätten, wenn Sie in einem sozialen Brennpunkt aufwachsen und jeden Tag auf dem Schulweg von aggressiven Migranten angepöbelt würden, dann wären Sie auch anfällig für rechtsradikale Parolen. Es sei denn, Sie sind politisch gut aufgeklärt.

Dagegen, dass Jugendliche anfällig werden für rechtsradikale Parolen, hilft tatsächlich nichts als gute Information, also eine solide politische Grundbildung. Ein Kind, das keine Zeitung liest und keine Nachrichtensendungen schaut, kann auch nichts wissen und wird leichter verführt als andere. Punkt zwei ist der stetige, fließende Dialog zwischen Erwachsenen und Jugendlichen. Sie müssen sich mit jedem Argument auseinandersetzen, das Ihr Kind mit nach Hause bringt. Sie müssen sehr viel Zeit in Ihr Kind investieren. Sie müssen selbst Bescheid wissen, wenn Sie Ihr Kind überzeugen wollen.

Aber sogar intelligente, aufgeklärte und einigermaßen gebildete Jugendliche kommen manchmal mit Sprüchen nach Hause wie: »Es ist ja nicht alles schlecht, was die NPD will.« In solchen Fällen der temporär geistigen Verwirrung (was Sie Ihrem Kind so aber nicht sagen sollten) hilft ein braver sozialdemokratischer Opa, der noch die letzten Wirrungen des Zweiten Weltkrieges erlebt hat, manchmal besser als Ihre eigenen Argumente. Lassen Sie ihn erzählen, wie er von den Nazis verarscht und beschissen worden ist und dass er auf solche Sprüche, wie sie Ihr Kind vorträgt, allergisch reagiert. Ihr Kind wird darauf hören.

Haben Sie allerdings einen Opa in der Familie, der diese Zeit verklärt oder der mit zunehmendem Alter immer rechtsradikaler wird, dann haben Sie ein echtes Problem. Es gibt viele Familien mit diesem Problem, aber das kann Sie nicht wirklich beruhigen. Kurzum: Es sieht nicht gut aus für Ihr Kind.

10. Kapitel

TRENNUNG, NEUBEGINN UND DIE PATCHWORK-FAMILY

100. In welchem Alter leiden Kinder am wenigsten unter unserer Trennung?

Es gibt kein richtiges Alter für die Trennung der Eltern. Kinder in jedem Alter haben darunter zu leiden. Aber es hilft ja nun nichts: Die Trennung scheint unausweichlich. Aber man könnte sie hinauszögern, weil man die Kinder möglichst schonen möchte.

Wir müssen also auch mal darüber sprechen, ob es einen – nein, keinen »guten«, sondern einen »weniger schlechten« Zeitpunkt für die Trennung gibt. Da muss man ganz klar sagen, wenn man mit Eltern spricht: Sind die Kinder noch ganz klein, dann ist es zwar vollkommen daneben, sich zu trennen, aber die Kinder leiden bis circa zwei Jahren relativ wenig darunter. Wobei das »RELATIV« wirklich groß geschrieben werden muss. Machen Sie sich deshalb bitte klar, dass – wenn die Ehe kurz nach der Geburt in Turbulenzen gerät – die ersten beiden Lebensjahre eine RELATIV gute Zeit für eine Trennung sind.* Ganz einfach deswegen, weil die Kinder noch nicht so viel mitkriegen.

Es folgt nun eine Zeit, die für eine Trennung denkbar ungeeignet ist. Bereits ein Dreijähriger macht sich ernsthafte Gedanken darüber, warum Papa plötzlich nicht mehr nach Hause kommt. Eine Fünfjährige ist durchaus schon imstande, sich selbst für die Trennung der Eltern verantwortlich zu machen. Ein Achtjähriger wird Jahre oder Jahrzehnte brauchen, um die Scheidung der Eltern zu verarbeiten. Und wenn die Kinder erst einmal in die Pubertät kommen, dann ist die allerallerallerschlechteste Zeit.

Besser wird es dann wieder in der Altersklasse ab circa 17 bei Jungs und circa 15 bei Mädchen, die einfach früher dran und

---

* *Im Folgenden lassen wir das groß geschriebene Wort RELATIV weg; Sie können es in Gedanken aber stets neu einsetzen.*

in der Regel auch reifer sind und Probleme besser bewältigen können. Ab 18 sollten Sie auf Ihre Kinder gar keine Rücksicht mehr nehmen, sondern nur noch an Ihre eigene Beziehung und an Ihr eigenes Glück denken.

Und wie in jedem dieser 111 Antworten, so gibt es auch hier ein ... ganz, ganz großes »Aber«: Wenn Ihre Beziehung derart zerrüttet ist, dass Sie sich nur noch streiten, und wenn Ihre Kinder das zwangsläufig mitbekommen, wenn das Leben für Sie die Hölle ist und Sie geradezu körperlich unter Ihrer Beziehung leiden, dann ist es vollkommen (!) egal, in welchem Alter Ihre Kinder sind: Dann trennen Sie sich. Sofort und ohne jede Rücksichtnahme auf Ihre Kinder. Das ist dann nicht nur für Sie, sondern auch für die das Beste.

101. Wie sagen wir den Kindern, dass wir uns trennen wollen?

Es gibt hierfür kein Idealrezept, sondern es gibt nur ganz schlechte und etwas weniger schlechte Rezepte. Gehen Sie zunächst einmal davon aus, dass Ihre Kinder, wenn sie bereits in einem Alter sind, wo sie das verstehen können, längst von Ihren Problemen wissen. Die meisten Eltern warten viel zu lange. Sie stellen hinterher fest, dass sie bereits vor Monaten oder Jahren mit ihren Kindern hätten sprechen können und dass die womöglich mehr gelitten haben, weil es diese vermeintliche Rücksichtnahme gab. Kinder werden gern einbezogen. Sie fühlen sich dann ernst genommen. Frühzeitiges Reden verhindert auch, dass die Kinder völlig falschen Fährten nachspüren (zum Beispiel, dass sie sich selbst als Ursache der Schwierigkeiten sehen). Die Grundregel heißt also: Sprechen Sie früh mit Ihren Kindern. Sehr früh.

Das heißt nun aber nicht, dass Sie jede Eheproblematik sofort und umgehend mit den Kindern diskutieren sollten. Sondern wir sprechen hier von der Tatsache, dass Ihre Ehe gescheitert ist, und zwar endgültig. Bis Sie zu dieser Erkenntnis gekommen sind, halten Sie Ihre Kinder bitte aus Ihren Problemen heraus. Ihre Kinder sind nicht Ihre besten Freunde, und kein Psychomüll darf die kleinen Seelen belasten. Gehen Sie davon aus, dass die Nachricht (»Wir möchten uns trennen, aber wir haben euch trotzdem lieb, blabla«) in jedem Fall das größte Schockerlebnis ist, das Sie Ihren Kindern zumuten können (außer Ihrem eigenen Tod). Es sei denn, Sie haben einen derartigen Familien- und Ehestress hinter sich, dass die Nachricht von der bevorstehenden Trennung für die Kinder eine sehr gute Nachricht ist, die ein Aufatmen zur Folge hat: »Oh super, endlich! Wann denn?« – Aber das ist selten und natürlich ein ehelicher Extremfall.

Die Antwort auf die hier gestellte Frage heißt: 1.) Seien Sie ehrlich. 2.) Seien Sie nur so ehrlich, wie unbedingt notwendig, denn Sie sprechen mit Kindern. 3.) Verzichten Sie auf Vorwürfe aller Art. 4.) Suchen Sie einen Vergleich aus der Welt Ihrer Kinder, wo Freundschaften ja auch gelegentlich zerbrechen. 5.) Es ist zwar ehrenwert, wenn Sie beide mit den Kindern sprechen möchten, aber das scheint sich nicht zu bewähren. Es ist besser, wenn derjenige Elternteil mit den Kindern spricht, bei dem die Kinder zukünftig leben werden. Und es ist GANZ wichtig, dass derjenige Elternteil dann in diesem Gespräch KEINE Vorwürfe gegen den oder die Partner/in artikuliert, sondern von Respekt und Toleranz spricht. 6.) Wer mit den Kindern spricht, ist dafür verantwortlich, dass sie den anderen Elternteil nicht ab sofort für verachtenswert und schuldig halten. 7.) Es wird in diesem Gespräch auf das allgemeine Scheitern der Beziehung eingegangen, aber es werden keine Einzelheiten genannt. Sie haben noch genug Zeit, Ihren Kindern die Wahrheit zu sagen, wenn die alt genug sind (und wenn sie die Wahrheit dann überhaupt wissen möchten, was auch noch nicht sicher ist)! 8.) Ein Rat für denjenigen, der das Gespräch dem anderen überlassen hat: Gehen Sie davon aus, dass dieses Trennungsgespräch mit den Kindern, an dem Sie ja nicht teilgenommen haben, zu Ihren Lasten gegangen ist (dass sich also der andere Teil nicht an die hier genannten Empfehlungen gehalten hat). Es ist in die Hose gegangen, und Sie stehen jetzt als der Dumme da. In diesem Fall brauchen Sie zunächst einmal eine elefantenhautdicke Schicht auf Ihrem emotionalen Nervengeflecht, die Sie höchstwahrscheinlich nicht haben werden. Deshalb werden diese (praxiserprobten) Regeln wahrscheinlich in den Wind gesprochen sein:

Reagieren Sie nicht mit Gegenvorwürfen! Entkräften Sie nichts, was Ihre Kinder Ihnen nun vorhalten werden! Seien Sie wie ein Anfänger-Tennistrainer, der kreuz und quer geschlagene Bälle lang und sauber und sanft zurückgibt! Gehen Sie nicht aus der Reserve! Werden Sie nicht emotional! Bremsen Sie sich, auch wenn es in Ihrem emotionalen Fleisch wie glühende Haken brennt! Schlagen Sie nicht zurück! Beweisen Sie nicht das Gegenteil! Seien Sie besser, intelligenter, kindgerechter, weiser, stiller, klüger, nachdenklicher, nachgiebiger! Sie haben nichts davon. Aber Sie tun es für Ihre Kinder.

102. Kann man sich überhaupt trennen, ohne dass die Kinder leiden?

Nein, das wird niemandem gelingen. Selbst wenn sich die Eltern trotz der Trennung noch gut verstehen und beide (!) – was eher unwahrscheinlich ist – die Kinder aus der Sache herauszuhalten versuchen, werden die Kleinen einen langfristigen, höchstwahrscheinlich sogar einen dauerhaften Schaden an ihrer Seele davontragen. Nicht so sehr, weil sie beide Eltern brauchen: Alleinerziehende Elternteile sind heute durchaus in der Lage, Kindern väterliche *und* mütterliche Erziehungselemente mit auf den Weg zu geben. Sondern, weil Kinder sich selbst für das Scheitern der Familie verantwortlich machen. Sie fühlen sich schuldig, sie hassen sich selbst, sie verlieren den Boden unter den Füßen, und sie wissen nicht mehr, wer sie eigentlich sind. Wut und Verzweiflung wechseln sich ab. Viele machen wieder ins Bett. Andere schotten sich ab. Fast alle werden in der Schule schlechter. Ältere Kinder suchen sich falsche Freunde. Es besteht die Gefahr, dass sie abgleiten. Es ist paradox: Wir Erwachsenen haben uns längst mit der Statistik abgefunden und akzeptieren achselzuckend, dass fast jede zweite Ehe in Deutschland scheitert. Scheidungen sind gesellschaftsfähig; Geschiedene haben nichts zu befürchten. Unsere Kinder jedoch fühlen archaisch. Für sie ist die Familie – und zwar die intakte Familie – fast überlebensnotwendig. Sie gehen ein wie Primeln, wenn sich die Eltern scheiden lassen. Aber – und wieder gibt es ein Aber – es gilt auch diese Regel: Nur eines ist noch schlechter als eine geschiedene Ehe. Und das – ist eine schlechte Ehe.

Macht man sich jedoch bewusst, wie sehr Kinder selbst unter einer sogenannten »friedlichen« Scheidung leiden, so müsste man zu einer gesellschaftlichen Ächtung der Scheidung zurückkehren.

Wer seine mit Kindern gesegnete Ehe hinschmeißt, müsste so bewertet werden wie jemand, der seine Kinder schlägt. Ist es nicht ein perverser Widerspruch, wenn Übermütter und Superväter am Elternabend des Kindergartens Stunden damit verplempern, den Speiseplan der Kindergärtnerinnen wegen angeblicher ökologischer Sündenfälle zu zerpflücken – und beim fair gehandelten grünen Tee (offenbar ihrem einzigen Laster) zu später Stunde in geselliger Runde im alternativen Café nebenan kundtun, dass sie geschieden sind?

103. Was kann ich tun, wenn die Kinder meinen neuen Freund ablehnen?

Dagegen können Sie zunächst einmal gar nichts tun. Ihr Kind ist ein eigener Mensch und muss ja nicht lieben, wen Sie lieben. Außerdem hat das Kind schon einen Vater und wird jeden neuen Mann als Bedrohung und Eindringling empfinden.* Gehen Sie sogar davon aus, dass Ihr Kind Ihren neuen Freund mit hoher Wahrscheinlichkeit ablehnen wird. Das ist normal, aber für Sie und für Ihren neuen Freund ist das nicht schön. Uns sind Fälle bekannt geworden, wo ein Kind jahrelang jedes Gespräch und jeden Kontakt zum mittlerweile mit der eigenen Mutter verheirateten Mann konsequent abgelehnt hat! Nur im Fernsehen wünschen sich die Kinder, dass Mama endlich wieder einen Mann mit nach Hause bringt, und tun alles dafür, dass er bleibt.**

Dennoch gibt es natürlich gewisse Maßnahmen, die Sie ergreifen können mit dem Ziel, das Verhältnis zwischen Ihren Kindern und Ihrem neuen Freund zu verbessern. Einige sind schwierig, andere ganz banal. Alle hängen davon ab, wie alt die Kinder sind. Kleinere kann man natürlich leichter überlisten als größere.

1.) Ihr Kind hat einen ganz bestimmten Geburtstagswunsch, der eigentlich »nicht drin« ist? Lassen Sie den doch Ihren neuen Freund erfüllen! Es ist nicht notwendig, dass Sie beide demonstrativ mit gemeinsamen Geschenken aufwarten, um den Kindern Ihre innige Verbundenheit zu demonstrieren. »Das ist von mir.« »Und das ist von mir.« Simpel, oder?

---

* *Wenn das Kind beim Vater lebt, heißt es natürlich anders herum: »Außerdem hat das Kind schon eine Mutter.« Da sich dieses Buch aber flüssig lesen lassen soll, erwähnen wir das hier nur einmal.*

** *Zum Beispiel in »Unsere Mutter ist halt anders« mit Martina Gedeck (Deutschland 2003, Regie: Franziska Buch) und anderen vergleichbaren Familienfilmen und -serien.*

2.) Betonen Sie immer wieder, dass Ihr neuer Freund nicht den Vater ersetzen will. 3.) Reden Sie niemals schlecht über den Kindesvater. 4.) Seien Sie hin und wieder strenger als Ihr neuer Freund; das kann man auch hübsch inszenieren, also absprechen: Sie wollen, dass das Kind um 8 Uhr zu Hause ist, na, da lassen Sie doch Ihren Freund auf 10 Uhr erhöhen und geben Sie scheinbar genervt nach! Sie können sich dann ja auf 9 Uhr in der Mitte einigen. Kinder fallen bis circa 14 Jahren auf solche kleinen Tricks nur allzu gern herein; sie sind total egoistisch und werden Ihren neuen Freund recht schnell als möglichen Verbündeten erkennen. Solche Tricks sind absolut erlaubt.

5.) Unternehmen Sie viel mit Ihren Kindern allein, also ohne Ihren neuen Freund. Der muss nicht immer dabei sein. 6.) Spielen Sie immer wieder die Böse und lassen Sie Ihren Freund die Rolle des Guten spielen. Er gibt ab sofort den »Kinderversteher«. 7.) Reden Sie ernsthaft mit Ihren Kindern über Ihre eigenen Bedürfnisse. Deuten Sie ruhig auch an, dass Sie nicht bereit sind, wegen der Widerspenstigkeit Ihrer Kinder Ihr eigenes Leben in den Sand zu setzen. Auch Sie haben das Recht, glücklich zu sein. Kinder verstehen das sehr wohl, auch wenn sie so tun, als wenn sie gar nichts verstehen!

8.) Machen Sie sich nicht zur Sklavin Ihrer Kinder. Hauen Sie ruhig kräftig auf den Tisch, wenn die Kinder fies zu Ihrem neuen Freund sind oder ihm gegenüber nicht den notwendigen Respekt zeigen. 9.) Lassen Sie niemals einen Zweifel daran aufkommen, dass der neue Freund wirklich der richtige Partner für Sie ist. 10.) Man muss allerdings auch erwähnen, dass Sie wirklich nur dann einen neuen Partner in die Familie lassen sollten, wenn Sie sich Ihrer Sache ganz, ganz sicher sind. »Der ist es, und sonst keiner« – dann machen Sie es. »Der könnte es sein« – dann lassen Sie es.

104. Was kann ich tun, damit mich die Kinder meiner neuen Freundin mögen?

Die Frage setzt ja schon voraus, dass es hier ein Problem gibt. Wenn das Verhältnis zu den Kindern Ihrer neuen Freundin also total entspannt und liebevoll wäre, dann würden Sie diese Antwort gar nicht lesen. Fragen Sie sich zunächst einmal, was Sie selber falsch gemacht haben (was die Kinder falsch machen, können Sie ja schon im Schlaf aufzählen). Wahrscheinlich werden Sie zu dem Ergebnis kommen, dass Sie viel zu früh viel zu viel erwartet haben. Sie haben sich vermutlich auch zu früh in die Erziehung eingemischt. Und Sie haben nicht genug Rücksicht auf die verletzten Gefühle der Kinder genommen. Genau das sind die drei Hauptfehler, die in den meisten Familien auf Erwachsenenseite passieren. Also versuchen Sie, diese Fehler – soweit das überhaupt noch reparabel ist – nicht mehr zu machen.

Ändern Sie also Ihre eigene Erwartungshaltung, die vermutlich für einen Großteil Ihrer Probleme verantwortlich ist! Vertrauen von Kindern gewinnt man nicht von heute auf morgen und nicht in einem Jahr. Es muss ganz langsam wachsen, und man muss dafür etwas tun. Unternehmen Sie so viel wie möglich mit den Kindern, ohne dass deren Mutter dabei ist. Suchen Sie sich die Rosinen aus (Freizeitpark? Angeln gehen? Alles, was Kindern Spaß macht). Die Mutter kommt schon zu ihrem Recht! Aber Sie sollten in dieser schwierigen Phase nicht derjenige sein, der die stressigen Aufgaben übernimmt wie Hausaufgaben überprüfen, Vokabeln abfragen usw. Das ist nicht *Ihr* Job, sondern das ist *ihr* Job.

Aus der Erziehung – Punkt zwei – halten Sie sich bitte für die nächste Zeit erst einmal heraus. Halten Sie, um es klar zu sagen, einfach mal die Klappe. Lassen Sie sich von der Mutter nicht unter Druck setzen (»nun sach doch auch mal was«). Nein – Sie sagen gar nichts. Und erklären Sie das in Gegenwart der Kinder so: »Ich habe dazu sehr wohl meine Meinung. Aber ich bin neu in dieser Familie und denke nicht daran, mich vorzeitig einzumischen – es sei denn, die Kinder wünschen das ausdrücklich.« Es kann übrigens auch sein, dass Sie viel zu früh mit Ihrer neuen Familie zusammengezogen sind, aber das kann man – wenn es einmal passiert ist – ja nicht so einfach wieder rückgängig machen.

Rücksicht auf die Gefühle der Kinder zu nehmen – Punkt drei – ist nur möglich, wenn man von diesen Gefühlen überhaupt etwas weiß. Sie müssen sich deshalb erst einmal mit den Kindern und deren Gefühlen beschäftigen, bevor Sie hier zu einer positiven Änderung kommen. Es ist extrem wichtig, dass Sie täglich mit den Kindern reden, und möglichst ohne dass die Mutter ständig dabei ist. Hören Sie sich alles in Ruhe an. Fragen Sie nach. Geben Sie nicht immer gleich vermeintlich kluge Ratschläge. Tun Sie einfach so, als wenn Sie nicht der neue Papa, sondern der verständnisvolle Opa wären. Lernen Sie von den Kindern. Lernen Sie, wie sie drauf sind, wie sie ticken, wie sie fühlen. Erst dann können Sie auch Rücksicht auf die kindlichen Gefühle nehmen.[*]

---

[*] *Hilfreiche Zusatzlektüre: »Wie Teenies ticken« (2007).*

105. Wenn der andere Stress mit dem Ex hat: Soll ich mich einmischen?

Erst einmal nicht. Jeder muss seine eigene Vergangenheit selbst in den Griff bekommen. Hetzen Sie nicht gegen den Ex, bauen Sie keine Erwartungshaltung auf, und gehen Sie keinesfalls davon aus, dass sich Ihre Partnerin bzw. Ihr Partner genau so verhalten sollte, wie Sie sich verhalten würden. Sparen Sie sich auch jede Emotion. Unterdrücken Sie mögliche Eifersüchteleien. Bleiben Sie cool, bieten Sie eine Schulter zum Ausweinen und sagen Sie nur dann Ihre Meinung, wenn Sie explizit danach gefragt werden. Der andere Teil Ihrer Beziehung hat es jetzt ohnehin schwer genug. Denn einerseits möchte man sich loyal der neuen Beziehung gegenüber verhalten – andererseits möchte man zum Ex ein entspanntes Verhältnis bekommen bzw. wiederbekommen (vor allem dann, wenn gemeinsame Kinder da sind).

Sind gemeinsame Kinder aus der früheren Beziehung da, müssen Sie sowieso ganz vorsichtig sein. Denn wenn Sie sich jetzt einmischen, wird alles nur noch schlimmer, und die Kinder werden spätestens beim nächsten Besuchstag des Ex gegen Sie aufgehetzt und in ein dramatisches Gefühlschaos gestürzt. Also: Es ist Frieden um (fast) jeden Preis angesagt.

Denkbar ist aber auch, dass der andere Teil Ihrer neuen Partnerschaft einfach nicht die Kraft findet, sich gegen den Ex gebührend zur Wehr zu setzen. In dem Fall können Sie – natürlich nur nach gemeinsamer Absprache – durchaus vorschlagen, dass SIE sich einmal mit dem Ex ins Benehmen setzen. Man kann zum Beispiel eine Mail schreiben, in der man einiges klarstellt. Man kann telefonieren. Man kann auch mal ein Bier zusammen trinken gehen. Was nun genau das Richtige ist, hängt sehr vom Einzelfall ab. Zwei Beispiele. René, ein Kranführer aus Göttingen, hat dieses Problem: Der Ex seiner neuen Lebensgefährtin Kattrin, die in einem Supermarkt arbeitet, lauert ihr stets nach der Arbeit auf und versucht sie zurückzugewinnen. Kattrin weiß nicht, was sie machen soll. René hat ihr schon den einen oder anderen Ratschlag gegeben, aber das hat nichts genützt. Nun beschließen beide gemeinsam, dass René seinen Jahresurlaub einreicht und drei Wochen lang seinerseits vor dem Supermarkt wartet, und zwar auf den Ex. Der kommt natürlich auch, René schnappt ihn sich und sagt: Freundchen, wir müssen mal reden. Da René recht breit gebaut ist, gibt es in diesem Fall nur ein sehr kurzes Gespräch. Natürlich gibt es keine Gewalt, aber eben eine deutliche Demonstration und Klarstellung der gegebenen Verhältnisse. Das hat genützt. Einige Tage ist der Ex noch aufgetaucht, aber er hat gleich wieder die Biege gemacht.

Das zweite Beispiel ist schwieriger: Einzelhandelskaufmann Sven (zufällig auch aus Göttingen; dort hatten wir eine sehr ergiebige Männer-Gesprächsrunde zu diesem Thema) ist mit der Mutter von zwei kleinen Kindern zusammen, die alle 14 Tage vom leiblichen Vater abgeholt werden. Der hetzt die Kinder konsequent gegen Sven auf. Er verbreitet Lügen und Gemeinheiten, die dann zu Hause Sven vorgehalten werden. Als die Mutter nicht mehr weiter wusste, hat Sven den direkten Kontakt zwischen ihm und dem Kindesvater vorgeschlagen. Es kam auch zu einem Treffen, bei dem sich der Vater allerdings als total uneinsichtig erwies und alles abstritt. Die Verleumdungen jedoch gingen weiter. In diesem Fall wussten sich Sven und seine neue Freundin keinen anderen Rat, als den Kontakt zwischen den Kindern und ihrem leiblichen Vater für eine Weile zu unterbinden. Rechtlich ist das natürlich nur schwer durchzusetzen, da die Gerichte schon sehr handfeste, schwerwiegende und beweisbare Gründe erwarten, wenn sie einem leiblichen Vater das Besuchsrecht absprechen sollen. Aber in der Praxis hat eine Mutter natürlich viele Möglichkeiten, ein gerichtlich festgelegtes Besuchsrecht zu unterlaufen. Seit vier Monaten haben die Kinder ihren Vater nicht mehr gesehen. Sven und seine Partnerin halten das für die Kinder am besten. Ob es wirklich das Beste ist – wer will das beurteilen?*

---

* *Meine persönliche Meinung: Das hätte ich auch so gemacht. (Sagt der Autor.)*

106. Neuanfang: Lernt man eigentlich aus Ehefehlern?

Die meisten Männer sagen: Ja. Die meisten Frauen sagen: Da ich keine Fehler gemacht habe, kann ich auch aus keinen lernen. Diese erstaunlich unterschiedlichen Statements von Männern und Frauen lehren uns eine Menge. Erstens: Männer sind einsichtiger, als man gemeinhin annimmt. Zweitens: Frauen sind erstaunlich uneinsichtig, wenn es um ihre Ex-Beziehungen geht. Fragen Sie eine Frau, woran ihre letzte Beziehung gescheitert ist. Ihr werden immer nur Sätze einfallen, die mit ER beginnen. Da hört man: ER ist fremdgegangen (ja, warum denn?). Oder: ER hat nicht mehr mit mir geschlafen (hatte das vielleicht einen Grund?). Oder: ER hat nicht mehr mit mir gesprochen (aha, und weswegen?). Niemals wird man von einer Frau hören: Meine letzte Beziehung ist daran gescheitert, dass ICH mich habe gehen lassen, dass ICH mir seiner Liebe zu sicher war, dass ICH mich nicht genug gepflegt habe und dass ICH nicht genug auf meinen Mann eingegangen bin. Undenkbar für eine Frau, so etwas zu sagen! Man kann daraus weiterhin schließen, dass Frauen nicht so sehr viel aus ihren eigenen Ehefehlern lernen, obwohl sie natürlich mindestens ebenso viele machen wie die Männer.

Die Männer, kommen wir zu denen. Sie fühlen sich, das ist heute so, zunächst einmal für alles verantwortlich, was schiefgeht. Egal ob sich eine Frau unterdrückt oder ausgenutzt oder unbeachtet oder wie ein Möbelstück oder unattraktiv oder überfordert fühlt: Schuld ist immer der Mann. Das sagen die Frauen heute so, das steht in jeder Illustrierten, und das ist ganz einfach unser gesellschaftlicher Konsens. Schuld sind immer die Männer. Auf die hat so ein geballter Frontalangriff natürlich Auswirkungen – denn Männer sind zwar etwas schlicht im Kopf, aber sie kapieren dennoch das eine oder andere. Wenn man es ihnen nur oft genug einhämmert. Nach der alten gescheiterten Beziehung versuchen die Männer nun in der neuen Beziehung ihre eigenen vermeintlichen Fehler zu korrigieren. Denn sie möchten nach der einen gescheiterten eine richtig gute Beziehung hinkriegen. Das hat manchmal fast komische Konsequenzen, denn nun trauen sie sich gar nichts mehr, sind keine echten Männer mehr, werden deshalb rasch verachtet und sind schon wieder allein auf der Straße als Single unterwegs. Wären sie aber so geblieben, wie sie mal waren, hätten sie vielleicht eine viel bessere Beziehung.

Es ist also schwierig: Die Frauen kapieren nix, und die Männer verstehen alles falsch. Nein: Man lernt nicht aus Ehefehlern. Jede Ehe ist anders, jede Frau, jeder Mann ist anders, »die« Generalfehler gibt es nicht, und was in der einen Beziehung falsch gewesen sein mag, das kann die andere retten.

Es gibt nur eins, was Männer manchmal aus einer gescheiterten Beziehung lernen können und was ihre nächste besser machen kann: Wenn sie endlich etwas gesprächiger werden und ihre Frauen etwas mehr einbeziehen in ihre Gedankenwelt, dann liegen sie gar nicht so schlecht und haben doch noch etwas Vernünftiges aus ihrer gescheiterten Ehe gelernt. Und die Frauen? Die müssten erst einmal lernen, Fragen nach dem Scheitern ihrer letzten Beziehung mit Sätzen zu beantworten, die mit einem »Ich« beginnen. Und nicht mit einem »Er«.

107. Hat man Patchwork-Kinder automatisch so lieb wie die eigenen?

Nein! Ganz klares Nein! Da klaffen Wirklichkeit und das, was wir gerne hätten und was wir für sittlich und anständig halten, weit auseinander. Jens aus dem Hamburger Stadtteil Eimsbüttel hat sich mit einer Frau zusammengetan, die wirklich nett und ansehnlich ist (wenn man drauf steht). Sie ist etwas vollschlank, aber das macht ja nichts. Er hat zwei Kinder aus seiner früheren Ehe, und sie hat ein eigenes zwölfjähriges Kind. Dieses Kind, das muss man einmal so klar sagen, ist erstens fett, zweitens ungezogen, drittens herrschsüchtig und viertens vollkommen von der Rolle. Die beiden Kinder von Jens hingegen sind hübsch, gut erzogen, bescheiden und höflich. Jens, von uns befragt, würde Stein und Bein schwören, dass er das ungezogene Balg von seiner Neuen genauso liebt wie seine eigenen Kinder. Und genau daran kann man sehen, wie scheinheilig und verlogen unsere gesellschaftliche Moral manchmal ist. NATÜRLICH liebt er dieses Kind nicht so wie seine eigenen! Er VERSUCHT es vielleicht. Was ehrenwert ist. Aber er kann doch nicht nur aus gesellschaftlich verordneter Friede-Freude-Eierkuchen-Mentalität heraus steif und fest behaupten, dass es für ihn keinerlei Unterschiede zwischen seinen Kindern und ihrem Gör gibt! Damit verleugnet er doch auch seine eigenen früheren Erziehungserfolge! Allenfalls kann er sagen: »Dein Kind ist zwar nicht so, wie ich mir das vorstelle, aber wenn es nun zu unserer Familie gehört, werde ich es so akzeptieren, wie es ist.« Mehr kann er nicht sagen. Aber er behauptet trotzdem, dass er dieses Kind so LIEBT wie seine eigenen.

Ist die Familie allerdings zusammengewachsen und nivellieren sich die Unterschiede zwischen »deinen« und »meinen« Kindern, so kann durchaus die Liebe zu den Patchwork-Kindern auf gleiches Niveau wachsen. Liebe hat offenbar nichts damit zu tun, ob man selbst der Erzeuger war. Liebe wächst durch gemeinsames Zusammenleben, durch gemeinsames Erleben, durch gemeinsam überstandene Krisen und gemeinsam erlebte Erfolge und Freuden des Alltags. Liebe hat nichts damit zu tun, ob man ein Kind unterm eigenen Herzen ausgetragen hat. Liebe per se – also durch die Geburt – muss nicht stärker sein als die Liebe zu einem angenommenen oder mitgebrachten Kind. Liebe ist für alle da. Liebe ist ein göttliches Angebot. Ob man es annimmt, hat nichts mit Blutsverwandtschaft zu tun.

Vom Bistum der evangelischen Kirche wurde der (übrigens keiner Religion zugeneigte) Autor dieses Buches gefragt, ob er für eine christlich motivierte Performance etwas beitragen könnte. Das Thema sollte »Liebe« sein. Der Autor hat zugesagt. Wahrscheinlich wird er diese Antwort wählen, um den Menschen da draußen im Lande etwas zum Thema »Liebe« zu erzählen.

108. Wie kommen Kinder mit Patchwork zurecht?

Besser, als sich das die meisten Erwachsenen vorstellen können. Die gehen mit einer vollkommen unangebrachten Vorsicht an das Thema heran. Sie warten monatelang, bis sie den Kindern überhaupt den neuen Partner vorstellen. Die Kinder hingegen sind da viel stressfreier und belastbarer. Natürlich darf man den Kindern nicht jeden x-beliebigen Partner vorstellen und dazu sagen: »Das ist jetzt dein neuer Papa«, und Monate später heißt es: »April April, das war wohl nix.« Aber wenn man eine neue Partnerschaft ernsthaft plant, dann sollte man die Kinder frühzeitig einbinden. Sie lieben klare Verhältnisse. Sie sind durchaus in der Lage, die Bedürfnisse von Mama oder Papa zu verstehen. Zwar tun sie manchmal so, als wenn sie tierisch leiden würden, und machen dem neuen Familienmitglied das Leben auch gern zur Hölle. Aber im Grunde wissen sie ganz genau: Meine Mutter, mein Vater – die haben das Recht auf ihr eigenes Glück, sie werden es auch durchzusetzen wissen, und ich bin nicht mein Leben lang die Nummer eins in dieser Familie. Sondern ich bin ein Teil davon. Mit denselben Rechten und Pflichten, wie sie die anderen auch haben. Kinder kommen sehr gut mit Patchwork zurecht – wenn man sie nicht überfordert und nicht zu schnell zu viel von ihnen erwartet. Aber davon war in diesem Buch ja schon ausführlich die Rede.

Es gibt eine Grundregel, die ganz einfach ist: Je gelassener die Erwachsenen mit der neuen Familiensituation umgehen, desto besser kommen die Kinder mit ihr zurecht. Je mehr Druck und Erwartungen die Erwachsenen aufbauen, desto schwerer ist es für die Kinder.

Gehen Sie davon aus, dass Ihre Kinder im Freundeskreis sehr offen über die neue Familiensituation sprechen. Trennung,

Scheidung und Neubeginn ist für viele Kinder Teil ihres jungen Lebens. Dem einen Kind ist der Papa abhanden gekommen, das andere plagt sich gerade mit dem neuen Papa herum, beim dritten ist die Mama fort, das vierte soll sich mit seinen neuen Geschwistern vertragen und fühlt sich stets benachteiligt: Wenn sich die Tür vom Kinderzimmer schließt, dann ist Patchwork in jeder denkbaren Form ein großes Thema, das viele Kinder und Jugendliche eint. Viele staunen: »Bei uns in der Klasse sind einige, die leben immer noch mit ihren richtigen Eltern zusammen!« Das ist für sie so schwer vorstellbar wie die Tatsache, dass es früher keine Handys gab. »Zwei von meinen Schülern haben noch die ursprüngliche Elternsituation zu Hause«, sagt eine Lehrerin. »28 leben mit einem Elternteil allein oder in einer neuen Konstellation. Das Familienbild ändert sich radikal. Ich höre öfter ›der Mann von meiner Mama‹ als ›mein Papa‹. Auf Elternabenden ist es völlig normal, dass sich die vermeintlichen Väter mit einem anderen Namen vorstellen, als das Kind trägt. Sie sind deswegen keine schlechteren Väter, ganz sicher nicht. Ich würde sagen, dass die Kinder heute damit sehr gut zurechtkommen. Aber das bedeutet natürlich keinesfalls, dass sie nicht unter der Scheidung ihrer Eltern leiden oder zumindest gelitten haben.«

109. Mein Kind, dein Kind: Wie werden das »unsere« Kinder?

Das braucht viel mehr Zeit, als man glaubt. Wenn es überhaupt jemals so kommt. Viele Leute gehen völlig unbefangen an die neue Familiensituation heran und denken: Wenn alle an einem Tisch sitzen und gemeinsam frühstücken, dann ist es schon eine neue Familie. Aber Kinder sind da empfindlicher als Erwachsene. Sie achten zum Beispiel sehr genau darauf, wem die Mutter zuerst den Kakao einschenkt und über wessen Witze die Eltern lauter lachen. Kinder sind die erste Zeit unglaublich eifersüchtig. Nicht nur auf jüngere Kinder, weil die offenbar mehr Zuwendung bekommen, und nicht nur auf ältere Kinder, weil die offenbar mehr dürfen, sondern allemal auf die Kinder von »dem« oder »der«. Diese total überspitzte und fast schon neurotische Überempfindlichkeit der Kinder kann man als Elternteil gar nicht wichtig genug nehmen. Fast immer wird sie unterschätzt. Scheinbar grundlos knallt die Kinderzimmertür. Tagelang spricht das Kind kein Wort. Es wird schlechter in der Schule, ist aufsässig, gemein zu seinen neuen Geschwistern und ständig beleidigt. Nein: Das alles sind nur Symptome, aber keine Erklärungen. Das Kind fühlt sich zurückgesetzt. Und »deine« Kinder, »meine« Kinder – das sind noch lange, lange nicht »unsere« Kinder. Auch wenn sich die Eltern so sehr wünschen, dass auch die nächste Generation zusammenwächst.

Wie soll das denn auch funktionieren? Zwei Erwachsene stellen erfreut fest, dass sie den Rest ihres Lebens gern miteinander verbringen möchten, und leiten die entsprechenden Schritte ein. Und ein elfjähriges Mädchen, das drei Jahre lang mit der Mama alleine gelebt hat, soll diese Entscheidung im Gleichschritt mittragen und ab sofort ihren zwölfjährigen Stiefbruder mögen, den sie vor einem Jahr noch nicht einmal kannte? Und der vielleicht nur am Wochenende zu Besuch ist? Das wäre ein derartiger Glücksfall, dass man ihn kaum als Normalfall voraussetzen kann.

Dass aus lauter Fremden letztendlich doch noch Freunde werden und eine solide zusammengeschweißte neue Familie entsteht, kann man aber natürlich trotzdem ein wenig beschleunigen. 1.) Achten Sie genau darauf, dass Sie wirklich alle Kinder gleich behandeln. 2.) Wenn Sie eines der Kinder anders behandeln als die anderen, dann sollten Sie das den Kindern sofort erklären. 3.) Je mehr Sie mit den Kindern gemeinsam machen (zum Beispiel spielen), desto schneller wird eine Familie draus. 4.) Je mehr Sie die Kinder sich selbst überlassen (zum Beispiel am Fernseher), desto länger wird es dauern. 5.) Sie sollten sich sehr selbstkritisch daraufhin prüfen, ob Sie nicht doch eines der Kinder bevorzugen bzw. ob Ihnen nicht eines der Kinder etwas weniger sympathisch ist als das andere. Weisen Sie diesen Gedanken nicht gleich empört von sich! Es wäre ja noch nicht einmal schlimm, denn auch Sie sind nur ein Mensch. Gefühle kann man nicht verordnen. Sie müssen wachsen. Es ist nur wichtig, dass Sie überhaupt einmal selbstkritisch darüber nachdenken.

110. Werden uns die Kinder später unsere Ehefehler verzeihen?

Ja. Genauso wie die vielen Erziehungsfehler, die Sie gemacht haben und die Ihnen selbst nach Jahrzehnten noch gut in Erinnerung sind – während Ihre Kinder das alles ganz anders im Gedächtnis haben. Machen Sie sich keine Gedanken darüber. Denken Sie nur an sich und Ihre eigene Beziehung und versuchen Sie, aus früheren Fehlern zu lernen. Verschwenden Sie keinen Gedanken darauf, ob Ihnen später das eine oder andere vorgeworfen wird.

Wenn es nach den Kindern ginge, dann würden Mutter und Vater zeit ihres Lebens miteinander in trauter Harmonie vereint zusammenleben. Wer wegläuft, ist immer der Böse. Wer bleibt, ist der Gute. Kinder können nicht begreifen, dass zum Weglaufen sowie zum Bleiben immer zwei gehören und derjenige, der scheinbar bleibt, sehr wohl der Böse sein kann. Werden die Kinder aber erwachsener, stellen sie Fragen. Nicht nur den Eltern, sondern vor allem auch sich selbst. Sie wissen inzwischen, dass jedes Ding zwei Seiten hat und dass man auch immer die andere Seite hören sollte. Sie werden es vielleicht gar nicht so weit kommen lassen und möglicherweise sogar die Ohren verschließen nach dem Motto: »Ich will davon nichts wissen.« Aber sie werden nicht mehr die Schuld für alles einseitig bei einem Elternteil suchen.

Dieser Prozess kann lange dauern. Sehr, sehr lange. Aber irgendwann wird er beginnen. Und dann kann es sogar sein, dass man lange verloren geglaubte Kinder plötzlich wieder zurückgewinnt.

Auch ist die Fragestellung hier falsch. Alle Erwachsenen machen Ehefehler, und dafür müssen sie sich bei ihren Kindern weder entschuldigen, noch haben diese etwas zu verzeihen. Wir kommen damit – fast schon am Ende dieses Buches, das zu schreiben übrigens sehr viel Freude gemacht hat – auf ein ganz, ganz wichtiges Thema zu sprechen, das da lautet: In welchem Ausmaß soll man eigentlich das eigene Glück zugunsten des Glücks der Kinder hintanstellen, wenn sich das eigene Glück und das der Kinder ganz offensichtlich nicht miteinander vereinen lassen?

Sind die Kinder noch sehr klein, fällt die Entscheidung meistens leicht. Die Kinder brauchen uns, und wir werden unsere eigenen Wünsche sehr stark zu ihren Gunsten vernachlässigen. Aber wie ist es, wenn aus den Kindern Jugendliche geworden sind und sich die »beiden Glücke« immer noch nicht miteinander vereinen lassen? Manche Männer möchten schreiend vor ihren Frauen davonlaufen, aber sie bleiben »wegen der Kinder«. Manche Frauen wären am liebsten schon seit 20 Jahren geschieden und sind es nicht »wegen der Kinder«. Viele Menschen sind in ihrer Ehe unglücklich. Wenn sie Pech haben, sind die Kinder am Ende weg oder missraten, hassen, verachten oder vernachlässigen ihre Eltern, melden sich nie und – die Alten sind immer noch zusammen unglücklich. Na super! Das hat sich ja echt gelohnt, so lange wegen der Kinder zusammenzubleiben! Wäre es da nicht besser gewesen, gleich zu gehen und mehr (oder überhaupt einmal) an sich selbst und an das eigene Glück zu denken? Als Autor schreibe ich jetzt mal einen sehr platten Satz hin, der Sie auch nicht weiterbringt: Das muss jeder für sich selbst entscheiden; es gibt da keine Regel. Übrigens gilt dieser Satz für jede Antwort in dem Buch, das Sie gerade lesen.

111. Schwierige Schlussfrage: Was macht eigentlich eine gute Familie aus?

Auf den ersten Blick fällt die Antwort leicht, und wir müssen hier keine Klischees bedienen. Also ist Ihnen ganz klar, dass eine gute Familie natürlich aus gefestigten sozialen Strukturen besteht, dass sie von gegenseitiger Toleranz und Anteilnahme geprägt sein sollte und dass alle irgendwie nett miteinander umgehen. Soweit okay. Da sind sich alle einig. Nun nehmen Sie aber mal eine Familie, die so gar nicht Ihren Vorstellungen entspricht: Der Vater ist ein Pascha, die Mutter kuscht, es wird auch mal zugeschlagen, der älteste Sohn regiert die jüngeren Geschwister mit eiserner Hand. Hier gibt es keine individuelle Entfaltung der einzelnen Familienmitglieder. Hier geht es richtig brutal zu. Aber alle – vom Vater über die Mutter über den ältesten Sohn bis hin zum Jüngsten – würden stets die Hand dafür ins Feuer legen, dass sie auf ihre Familie gar nichts kommen lassen und dass sie eine absolute Vorzeigefamilie sind. Sie würden vielleicht sogar sterben für ihre Familie. Oder töten. Ist das nun eine »gute Familie« oder nicht? Ist es also eine »schlechte Familie«? Schon hier können Sie erkennen, dass die »gute Familie« ein relativer Begriff ist. Er hat nämlich viel mit der eigenen Familientradition zu tun.

Unser Staat, der ja kein schlechter ist, hat sich die Unterstützung der »guten Familie« auf die Fahne geschrieben. Wir haben sogar eine »Familienministerin«, die allerdings gefühlt mehr in Talkshows und am Rednerpult im Bundestag als bei ihrer eigenen Familie ist. Dieser Staat – so gut es die Politiker auch mit uns Bürgern meinen – kann die »gute Familie« aber gar nicht unterstützen. Zum Beispiel kann sich ein Mann mit zwei Kindern eine willige Frau aus einem fernen Land »kaufen«, sie heiraten, sie und die Kinder schlagen und unterdrücken und wird trotzdem vom Staat mit einer günstigen Steuerklasse belohnt. Hingegen wird ein geschiedener Vater, der sich liebevoll um seine Kinder kümmert und ihnen einen guten Start ins Leben ermöglicht, vom Staat mit einer schlechteren Steuerklasse bestraft. Der Staat unterstützt nicht die »gute Familie«, sondern den hohlen, womöglich nur auf dem Papier existierenden Ehestand. Und das ist schlecht.

Über 90 Prozent der Deutschen nennen fast gleichauf mit »Gesundheit« als Lebenswunsch das »Familienglück«. Als Fürbitte zugunsten der engsten Angehörigen und ihrem Wohlergehen werden in katholischen Kirchen über 70 Prozent aller Kerzen angezündet. Alle anderen sehnlichen Wünsche, von der eigenen Genesung nach schwerer Krankheit über wirtschaftlichen Erfolg und das Gelingen einer gerade beginnenden Beziehung bis hin zu global-politisch motivierten Bitten wie Frieden auf Erden oder die Rettung des Weltklimas verteilen sich auf die übrigen 30 Prozent! »Dass alles möglichst lange so schön bleiben möge, wie es ist«: Diese rührend-schlichte Formulierung eint alle, die sich in einer glücklichen Familie geborgen fühlen. Und damit beantwortet sich auch die hier gestellte Frage. Eine »gute Familie« ist die, in der sich alle (mehr oder weniger) »glücklich« fühlen, das heißt: Sie möchten ihre Familie gegen keine andere eintauschen.

Elf goldene Regeln für ein gutes Familienleben

1. Regel: Bleibt Egoisten.
Warum? Weil es unzufrieden macht, wenn man sich für die Familie immer nur aufopfert und dabei das Gefühl für den Selbstwert verliert. Die Familie ist das Wichtigste. Nur man selber ist noch wichtiger. Wer ohne eine gesunde Portion Egoismus ein gutes Familienleben führen möchte, der wird scheitern.

2. Regel: Schaltet den Fernseher aus.
Warum? Weil Fernsehen der Killer Nummer eins eines guten Familienlebens ist. Man kann nicht gemeinsam fernsehen und sich unterhalten. Achten Sie auf die Blickrichtung: Beim Fernsehen gucken wir alle parallel aneinander vorbei. Ist der Fernseher aus, gucken wir uns an. Das Schlimmste ist Fernsehen beim Essen. Wenn das bei Ihnen normal ist, sollten Sie sich ernsthafte Sorgen um Ihr Familienleben machen. Ein Fernseher pro Familie ist übrigens ausreichend; Fernseher gehören unter 18 Jahren nicht ins Kinderzimmer.

3. Regel: Schafft feste Rituale.
Warum? Weil Kinder Rituale brauchen und lieben, auch wenn sie genervt tun. Es werden mindestens zwei Mahlzeiten am Tag gemeinsam eingenommen. Es werden die Hausaufgaben zu festgelegten Zeiten erledigt. Es gibt die »Familienstunde«, in der nur miteinander geredet wird. Es gibt die »Spielezeit«, mindestens einmal pro Woche. Diese Gesetze müssen eisern sein. Sie werden von den Eltern verordnet und von den Kindern zunächst zwangsweise, dann ganz selbstverständlich akzeptiert. Die Kinder werden sich später dankbar daran erinnern.

4. Regel: Räumt niemandem hinterher.

Warum? Weil sich in vielen Familien die Frau als Putzfrau fühlt. Das ist sie aber nicht. Wer sich außerstande sieht, seinen Kram selber wegzuräumen, den soll der Blitz der Familienstrafe treffen. Schon Dreijährige sind imstande, ihre Legosteine selber einzuräumen (wenn auch vielleicht nicht unbedingt nach Größe und Farbe sortiert). Der Mann ist durchaus imstande, seine Socken selber wegzuräumen (wenn auch vielleicht nicht unbedingt paarweise). Eine unzufriedene Frau ist die Hölle für Mann und Kinder! Also sorgt dafür, dass sie zufrieden ist.

5. Regel: Zeigt Respekt.

Warum? Weil es Kindesmisshandlung ist, wenn die Mutter sich beim halbwüchsigen Kind über den Vater ausheult. Weil es den Charakter verdirbt, wenn das Kind die Eltern so behandeln darf wie gleichaltrige Rotzlöffel. Weil es arrogant und dumm ist, wenn Eltern ihre Kinder respektlos behandeln. Wer sich akzeptiert und respektiert fühlt, der übernimmt auch gern Verantwortung und trägt die Konsequenzen, wenn er Scheiße baut. Gegenseitiger Respekt ist die Basis für ein gutes Familienleben.

6. Regel: Macht so viel wie möglich gemeinsam.

Warum? Weil das Familienleben von Gemeinsamkeiten lebt wie die Blume vom Sonnenlicht. Egal ob ihr »Mensch ärgere dich nicht« spielt oder zelten geht, ob ihr im Garten Unkraut hackt oder im Stadtpark grillt: Vater, Mutter und Kinder machen bitte mindestens zweimal pro Woche irgendetwas wirklich gemeinsam. Das muss auch dann sein, wenn die Kinder in der Pubertät sind und überhaupt keine Lust mehr auf Gemeinsamkeiten haben. Dann muss man sie leider zu ihrem (Familien-)Glück zwingen.

7. Regel: Interessiert euch füreinander.

Warum? Weil die Eltern den Kontakt zu ihren Kindern verlieren, wenn sie sich nicht für sie interessieren. Wissen Sie, welche Musikgruppe Ihr Kind am liebsten hört, welche Geschichte hinter dieser Band steckt und was uns ihre Texte sagen wollen? Haben Sie schon mal das Computerspiel Ihres Kindes gespielt? Zweimal mit Nein geantwortet: verloren. Worüber wollen Sie sich denn in zwei, drei Jahren mit Ihren Kindern unterhalten?

8. Regel: Lasst euch gegenseitig aussprechen.

Warum? Weil Kinder in den meisten Familien niemals zu Ende aussprechen dürfen und deshalb vorzeitig »dicht machen«. Das ist das Gemeinste, was Eltern tun können: dass sie ihre Autorität und ihre lautere Stimme missbrauchen, um die Kinder zu unterdrücken. Wenn das Kind sich verteidigt oder etwas erreichen möchte, dann darf es aussprechen. Schluss, aus, Ende. In vielen Familien müsste eigentlich ein Moderator mit am Tisch sitzen, wenn es Stress gibt. Wie peinlich! Könnt ihr euch nicht einfach mal gegenseitig zuhören, und zwar bis zum Ende?

9. Regel: Haltet einfach mal die Klappe.

Warum? Das Nervigste für Kinder sind Mütter, die nach der Schule mit dem Satz »Wie war's in der Schule?« nerven. Das Nervigste für Männer sind Frauen, die nach der Arbeit mit dem Satz »Na, wie war's in der Firma?« nerven. Das Nervigste für Mütter sind andererseits Familienmitglieder, die nicht sprechen möchten: So ist das nun mal. Also wendet sich diese 9. Regel eigentlich nur an Frauen, denn Männer und Kinder möchten ohnehin lieber in Ruhe gelassen werden. Also, ihr Frauen der Nation: Haltet doch einfach mal die Klappe.

10. Regel: Vergesst euer Eheleben nicht.

Warum? Es ist toll, wenn man ganz in der Kinderaufzucht aufgeht, und gleichzeitig ist es der Ehekiller Nummer eins. Wie soll ein Mann seine Frau sexy finden, wenn sie noch im Ehebett von Windeln und Nachhilfeunterricht faselt? Eltern sind erst in zweiter Linie Eltern. In erster Linie sind sie Eheleute. Wenn Mann und Frau sich gegenseitig vernachlässigen, dann töten sie die Basis der Familie, und die besteht in der Liebe der Eltern zueinander. Übrigens haben Kinder nichts im Ehebett verloren. Grundsätzlich nicht, und wenn das Kind krank ist, für allenfalls 20 Minuten. Danach – ab ins eigene Bett. Aus, Ende.

11. Regel: Traut euern Kindern mehr zu.

Warum? Kinder sind in der Regel circa ein bis zwei Jahre weiter, als ihre eigenen Eltern glauben. Das ständige Behütetwerden durch die Eltern hemmt sie in ihrer Entwicklung und hindert sie daran, in der eigenen Familie Verantwortung zu übernehmen. Ein gutes Familienleben zeichnet sich jedoch dadurch aus, dass alle so früh wie möglich so viel Verantwortung wie möglich übernehmen. Ein achtjähriger Junge ist zum Beispiel durchaus in der Lage, zehn Euro in die Hand zu nehmen, damit einkaufen zu gehen und von dem Einkauf die gesamte Familie zu bekochen, ohne dass ihm jemand reinredet. Einen Zwölfjährigen sollten Sie nachts mit verbundenen Augen am Stadtrand aussetzen und mit ihm wetten, wie lange er nach Hause braucht. Glauben Sie nicht? Ausprobieren! Und: Loben! Loben! Loben!

Schlusswort

Viele Interviews gemacht, viel gesprochen, viel zugehört, viel gelernt, viel nachgedacht. »Wie Familien ticken« war die bisher spannendste Buchproduktion dieser Bestseller-Reihe, weil es hier um alle ging: um Mütter, um Väter, um Kinder, um Jugendliche *und* um Großeltern. Ich habe mit viel Respekt beobachtet, wie sorgsam Eltern und Kinder mit dem Wichtigsten umgehen, was sie haben. Das Wichtigste ist – die Familie.

Die Familie und dass sie funktioniert, steht nach »Gesundheit« ganz oben auf der Wunschliste der Deutschen. Die sperrigsten Pubertierenden wurden weich, wenn sie ernsthaft über ihre Familie sprachen. Die größten Fremdgeher aller Zeiten hatten Tränen in den Augen, wenn sie die Qualitäten ihrer Ehefrauen schilderten und die Fähigkeiten ihrer Kinder. »Was ist Glück?«, fragte ich viele hundert Deutsche und Migranten. »Die Familie«, sagten sie alle. Ich saß auf den harten Bänken von Spielplätzen und redete mit verschleierten Müttern über ihre Männer. Ich schlich mich in Grundschulen und saß bei Elternabenden auf viel zu kleinen Stühlen. Ich hockte oft stundenlang in den Treppenhäusern von Ghetto-Hochhäusern und lauschte den Geräuschen, wenn Vater betrunken ist und Mutter das nicht mehr erträgt. Ich dachte an meine eigenen Söhne und daran, was für ein verdammtes Schwein sie hatten. Oft wurde ich weich, und manchmal musste ich weinen. Es gibt so viel Elend. So viele geschundene Kinder. So viele Familien, die kaputt sind.

Immer trifft es die Schwächsten. Und manche Familien leben auf der »Sunny Side of the Street«. Das Leben ist nicht gerecht. Ich sah 16-Jährige mit dem goldenen Löffel im Mund geboren, ausgelaugt, geistig verfettet, untauglich für die Zukunft und reif für den Goldenen Schuss. Aber Familienglück ist eine zähe Pflanze, die auch im Dreck gedeiht. Ich sah ein Kind, Löcher in den Schuhen, Vater Trinker, Mutter kaputt. Es schrieb Einsen in der Schule und kämpfte sich heraus aus dem Sumpf.

Familienglück kann man nicht kaufen. Man kriegt es auch nicht geschenkt. Man muss es sich erarbeiten.

Hauke Brost

Danksagung

Wer ein Buch mit 111 Fakten zum Thema »Wie Familien ticken« schreibt, der denkt dabei natürlich auch über seine eigene Familie nach. 111 Mal habe ich gedacht: Wie schön, dass es bei uns so gut funktioniert. Obwohl die Kinder erwachsen sind und 111 Gründe hätten, sich gar nicht mehr bei meiner Frau und mir blicken zu lassen, telefonieren, simsen oder sehen wir uns mindestens 111 Mal im Jahr. 111 Themen, die wir dringend besprechen müssen. Mal wieder 111 Stunden zu wenig Zeit. Und 111 Gründe, sich bald wiederzusehen. 111 Mal »danke« an unsere Kinder: Ihr und wir, das ist echt eine gute Familie!

DER AUTOR

Nach den Bestsellern *Wie Männer ticken*, *Wie Frauen ticken*, *Wie Teenies ticken* und *Wie die lieben Kollegen ticken*, die sich weit über 350.000 Mal verkauften, hat Hauke Brost, 60, nun die Familie im Visier. Und er weiß, wovon er spricht. Der geschiedene und glücklich verheiratete Vater von drei Söhnen und insgesamt fünf Patchwork-Kindern hat als Chefreporter einer Boulevardzeitung hautnahen Kontakt zu Familien. Er bietet Familienberatungs-Seminare an und ist als Partnerschaftsberater im Radio präsent.

Hauke Brost
WIE FAMILIEN TICKEN
*111 Fakten, die aus allen Eltern, Kindern
und Großeltern Familienversteher machen*
ISBN 978-3-89602-919-5

Lektorat: Nadine Landeck | Font auf dem Cover: *Kids Drawings* © Manfred Klein

© Schwarzkopf & Schwarzkopf Verlag GmbH, Berlin 2009. Alle Rechte vorbehalten. Dieses Werk ist urheberrechtlich geschützt. Jede Verwendung, die über den Rahmen des Zitatrechtes bei korrekter und vollständiger Quellenangabe hinausgeht, ist honorarpflichtig und bedarf der schriftlichen Genehmigung des Verlages

KATALOG
Wir senden Ihnen gern kostenlos unseren Katalog.
Schwarzkopf & Schwarzkopf Verlag GmbH
Kastanienallee 32, 10435 Berlin
Telefon: 030 – 44 33 63 00
Fax: 030 – 44 33 63 044

INTERNET | E-MAIL
www.schwarzkopf-schwarzkopf.de
info@schwarzkopf-schwarzkopf.de